本书系教育部人文社会科学青年基金项目“社区治理视角下城市邻里互助养老的组织化研究”（20YJC840008）的成果。

城市社区邻里互助养老的组织化治理研究

窦 影◎著

黑龍江大學出版社
HEILONGJIANG UNIVERSITY PRESS
哈尔滨

图书在版编目（CIP）数据

城市社区邻里互助养老的组织化治理研究 / 窦影著
. -- 哈尔滨 : 黑龙江大学出版社, 2024.4
ISBN 978-7-5686-1143-5

Ⅰ. ①城… Ⅱ. ①窦… Ⅲ. ①养老—社区服务—研究
—中国 Ⅳ. ①D669.6

中国国家版本馆 CIP 数据核字（2024）第 086364 号

城市社区邻里互助养老的组织化治理研究
CHENGSHI SHEQU LINLI HUZHU YANGLAO DE ZUZHIHUA ZHILI YANJIU
窦 影 著

责任编辑 宋丽丽
出版发行 黑龙江大学出版社
地　　址 哈尔滨市南岗区学府三道街 36 号
印　　刷 华雅逸彩（北京）文化有限公司
开　　本 880 毫米 ×1230 毫米 1/32
印　　张 7.75
字　　数 173 千
版　　次 2024 年 4 月第 1 版
印　　次 2024 年 4 月第 1 次印刷
书　　号 ISBN 978-7-5686-1143-5
定　　价 39.80 元

前　言

党的二十大报告指出，“中国式现代化是人口规模巨大的现代化”，“实施积极应对人口老龄化国家战略”。人口规模巨大是我国社会人口的总体特征，且人口老龄化趋势日益显著。在此背景下，要实现人口规模巨大的现代化，我们必须以积极的态度应对老龄人口的养老压力，进一步实现老有所养的目标。积极老龄化战略注重让老年人参与社会共建、共治、共享活动，深入挖掘老年人的人力资源潜能，增加老年人的社会参与机会，激发老年人的活力，切实解决老年人在养老、健康、精神文化生活、社会参与等方面的现实需求问题，实现社会建设目标。

邻里互助养老正是积极老龄化的应有之义。由于具有广泛的参与性和服务的可及性等优势，邻里互助养老被纳入城市养老服务体系中，成为解决城市社区养老难题的途径之一。它主要通过社区居民广泛参与、邻里间互帮互助，形成社会支持，满足老年人在精神、心理、日常服务等方面的需求，增加社区养老服务供给，减少社区养老服务成本。当前，国家大力促进社区邻里互助养老的发展，颁布了推进互助养老服务的政策，试图通过社区组织化治理的方式和手段，把居民组织起来参与社区互助活动，发展社区邻里互助养老。社区组织化治理的逻辑是制定相应的制度和规范，通过培育居民对邻里互助养老的价值认同感，形成互助支持关系，并发挥社会组织的支持作用，打通居民与组织的连接通道，促使居民广泛参与社区互助养老服务活动、积极加入互助组织或具有互助性质的组织，构建社区互助系统，最终实现邻里互助养老的组织化目标。但由于当前社区组织化治理的有效性不足，邻里互助养老的组织化支持条件不足，我们亟须确定社区组织化治理的策略和方式，从而推动邻里互助养老不断发展和完善。

本书主要聚焦于城市社区邻里互助养老得以持续发展的组织化治理实践。主要的研究问题包括：城市社区邻里互助养老组织化治理具有哪些优势？存在哪些问题？具体在哪些方面能够支持邻里互助养老的发展？采取何种策略继续推进邻里互助养老的发展？基于对城市社区的调查研究，本书以制度、价值、关系、组织这四个维度作为研究框架，探究城市社区邻里互助养老服务在制度化支持、互助价值培育、社会关系支撑、社会组织协作等方面的特征和存在的问题。本书强调建设适宜的社区支持环境，打通居民与组织的连接通道，促使居民广泛参与社区邻里互助养老服务活动，改变社区邻里互助养老的“低组织化”状态。本书立足于社区日常生活，从社区党建引领、社区氛围营造、社区空间创建和利用，以及社会组织参与互助养老等方面来探究当前城市社区邻里互助养老的组织化治理。社区日常生活中蕴藏着邻里互助养老所需的多种支持条件和资源。只有在制度、价值、关系、组织的框架内进行支持，才能实现社区邻里互助的持续性发展。在此基础上，本书提出了社区邻里互助养老组织化治理的方式和策略，以推动社区邻里互助养老的发展。

目　　录

第一章
绪论

党的二十大报告指出："实施积极应对人口老龄化国家战略。"推动积极老龄化社会的构建，需要在全社会培育和贯彻积极老龄观。规模庞大的老年人不仅仅是被赡养的对象，还是具有产出性的人力资源。当前，城市形成了以居家养老为基础、以社区养老为依托、以机构养老为补充的养老服务体系。其中，居家养老是老年人的主要选择。但当前社会人员流动加速，年轻人外流、家庭小型化等导致多数老年人无法实现以家庭为主的居家养老目标，社会化养老服务需要进行补充，而老年人也应成为居家养老服务供给的来源。习近平同志强调，要积极看待老龄社会，积极看待老年人和老年生活。这需要我们以更加积极的态度和行动来应对人口老龄化的挑战。因此，在城市社区养老问题的解决方面，我们需要不断创新社区居家养老服务模式，结合社区居民尤其是老年人的特征，积极解决城市社区的养老问题。

第一节　问题的提出和研究意义

一、问题的提出

随着人口老龄化趋势的日益加剧，规模巨大的老年人的养老问题成为社会难题。《2020年度国家老龄事业发展公报》指出，截至2020年11月1日零时，全国60周岁及以上老年人口26 402万人，占总人口的18.7%；全国65周岁及以上老年人口19 064万人，占总人口的13.5%；全国老年人口抚养比19.7%。《2021年度国家老龄事业发展公报》指出，截至2021年年末，全国60周岁及以上老年人口26 736万人，占总人口的18.9%；全国65周岁及以上老年人口20 056万人，占总人口的14.2%；全国65周岁及以上老年人口抚养比20.8%。《2022年度国家老龄事业发展公报》指出，截至2022年年末，全国60周岁及以上老年人口28 004万人，占总人口的19.8%；全国65周岁及以上老年人口20 978万人，占总人口的14.9%；全国65周岁及以上老年人口抚养比21.8%。通过比较数据，我们可以发现老年人口的规模和比重逐年增加，而老年人口占总人口的比重是判断老龄化程度的基本标准。当一个国家或地区60岁及以上人口占总人口的比重超过10%或65岁及以上人口占总人口的比重超过7%，这个国家或地区即进入轻度老龄化社会；当60岁及以上人口占总人口的比重超过20%或65岁及以上人口占总人口的比重超过14%，这个国家或地区即进入中度老龄化社会；当60岁及以上人口占总人口的比重超过30%或65岁及以上人口占总人口的比重超过21%，这个国家或地区即进入重度老龄化社会。显然，我国已经进入中度老龄化社会。据估计，“十四五”时期60岁及以上老年人口总数将突破3亿，占总人口比重将超过20%；到2035年左右，60岁及以上老年人口将突破4亿，占总人口比重将超过30%，我国将向重度老龄化社会过渡。[①] 与此同时，老年人口的抚养比也在逐年增高，这意味着当前至今后的一段时间内，我国的养老问题依然存在，我们需要不断探索和创新养老模式，以应对当前的养老问题。

在积极寻找解决养老问题对策的过程中，互助养老模式被政府和社会各界关注，成为一种解决城市社区养老难题的可选择模式。[②] 社区居家养老成为老年人的首选方式。如何获得服务支持，满足老年期生活的各种需求，是社区居家养老服务模式需要解决的问题。互助养老模式通过“互助”的方式增加养老服务的供给，减少养老服务的成本，提高养老服务的参与性和可及性，为现有养老服务供给短缺、服务资源

① 陆杰华、林嘉琪：《重度老龄化社会的人口特征、风险识别与战略应对》，载《中国特色社会主义研究》2023年第1期。

② 金华宝：《社区互助养老：解决我国城乡养老问题的理性选择》，载《东岳论丛》2014年第35卷第11期。

不足等问题提供解决路径，是养老实践中本小利大的一种模式。①

近年来，我国从政策和规模层面积极倡导和推行社区互助养老，政府及相关部门陆续出台各种法规和政策，推进互助养老服务的发展。2012 年，第二次修订的《中华人民共和国老年人权益保障法》提出，发扬邻里互助的传统，提倡邻里间关心、帮助有困难的老年人，倡导老年人互助服务。2013 年，《国务院关于加快发展养老服务业的若干意见》提出，切实加强农村养老服务，依托行政村、较大自然村，充分利用农家大院等，建设日间照料中心、托老所、老年活动站等互助性养老服务设施。2017 年，《“十三五”国家老龄事业发展和养老体系建设规划》和《国务院办公厅关于制定和实施老年人照顾服务项目的意见》均鼓励老年人参加社区邻里互助养老，强化照顾服务过程中的代际支持，强调营造互助、互爱、互尊的良好氛围，促进社会和谐。2018 年，国务院政府工作报告中提出，积极应对人口老龄化，发展居家、社区和互助式养老。2019 年，《国务院办公厅关于推进养老服务发展的意见》提出，推动居家、社区和机构养老融合发展，积极探索互助养老服务。2021 年，《中共中央、国务院关于加强新时代老龄工作的意见》指出，提升社区养老服务能力，着力发展街道（乡镇）、城乡社区两级养老服务网络，依托社区发展以居家为基础的多样化养老服务；充分发挥社

① 窦影：《社区治理视角下城市老年人邻里互助养老“预阶段”的发展路径研究》，载《云南民族大学学报（哲学社会科学版）》2020 年第 37 卷第 5 期。

区党组织作用，探索“社区+物业+养老服务”模式，增加居家社区养老服务有效供给。2022 年，党的二十大报告提出，实施积极应对人口老龄化国家战略，发展养老事业和养老产业，优化孤寡老人服务，推动实现全体老年人享有基本养老服务。各种政策的颁布进一步明确了互助养老在当前养老服务供给中的重要性，为我们解决社区养老难题指明了思路和方向。

在政策支持的背景下，社区互助养老模式成为当前社区养老服务体系的一个组成部分。社区互助养老具有居家养老互助、集中居住式、邻里互助式、时间银行、据点式、结对互助式等形式，取得了比较显著的效果。这些形式丰富了社区养老服务的内容，完善了社区养老服务体系，切实满足了社区老年人的养老需求。邻里互助式作为社区互助养老的主要形式，具有社区性、服务可及性等优势。邻里互助养老主要以多元主体合作治理的方式，发掘和整合社区互助资源，依托社区居民的广泛参与，形成邻里间的相互支持，以“邻里互助”的形式解决社区养老的各种问题。对于社区养老服务来说，邻里互助具有重要作用。因此，社区逐渐重视邻里资源的开发，通过开展各种活动来加强邻里之间的社会联结，实现提升养老服务供给能力的目的。

有研究者提出，社区邻里互助养老需要强有力的组织作为依托和保障，需要建立互助组织，使现有的社区自组织具有互助性，从而推动互助养老的发展。① 社区组织化治理是实

① 刘妮娜：《中国城市互助型社会养老——定位、模式与路径》，载《社会发展研究》2020 年第 3 期。

现邻里互助养老组织化发展目标的重要路径，是应对老龄化问题的选择。但当前一些社区存在组织化治理有效性的问题，利益相关主体缺乏参与意识和参与意愿，存在契合困境，无法形成有效的力量来参与社区治理，社区仍处于“低组织化”状态。这成为社区邻里互助养老的障碍。

“低组织化”是在城市社区发展和变迁过程中出现的。随着社会的发展，社区管理体制逐渐从“单位制”转向“社区制”。这带来的影响是总体性社会下的组织动员逐渐转向非总体性社会下的资源配置及社区动员。[①] 社区行政化和碎片化影响了社区互助资源的发掘和整合利用，社区互助资源处于零碎的、相互割裂的状态。除此之外，个人与组织之间的连接通道也变得碎片化。这就使得社区居民的多元需求无法得到有效满足，使得社区居民的问题无法得到及时解决，影响了社区公共问题的整体性解决。同时，对过去组织形式的依赖使得居民出现弱参与的情况。而居民的弱参与意味着无法为邻里互助提供支持，无法为社区居家养老问题的解决提供支持。在此背景下，城市社区组织化治理陷入主体合作困境，这就阻碍了居民进入互助组织或互助型组织，影响了社区多元主体共治格局与互助共同体的形成，导致社区邻里互助养老无法持续发展。因此，我们应从当前社区实际出发，解决社区组织化治理的有效性问题，通过对社区互助养老组织化现状进行调查和分析，了解组织化所需的条件，采取适宜的组织化治理手段和策略，黏合各个主体，发掘和利用互助资

① 孙立平、王汉生、王思斌等：《改革以来中国社会结构的变迁》，载《中国社会科学》1994 年第 2 期。

源，使社区居民进入组织化状态、为社区邻里互助养老提供支持，促进社区邻里互助养老进一步发展。

总之，城市社区生活离不开组织化，组织化是解决人们各种需求问题的必要手段。社区养老需求问题的解决也离不开组织化。人们被组织起来共同应对社区的各种养老服务需求问题，进而获得参与机会，获得自我实现、互动交往、情感交流等方面的支持。本书从社区治理的角度出发，将社区邻里互助养老的组织化视作一个治理过程，探讨在社区邻里互助养老实践中主体被组织起来的支持性条件，以及治理策略，形成推进社区邻里互助养老组织化发展的基本认识。

二、研究意义

本书在对城市社区邻里互助养老组织化治理方面的研究成果进行梳理的基础上，通过调查和分析城市社区邻里互助养老实践的现状和存在的问题，探寻应对策略和路径。

第一，通过调查和分析，了解和掌握当前城市社区邻里互助养老组织化治理的现状，总结经验，并发现存在的问题，为城市社区邻里互助养老组织化发展奠定实践基础。

城市社区邻里互助养老服务活动已经广泛开展起来。社区发展水平和组织化治理水平等存在较大的差异，因此，我们需要了解城市社区邻里互助养老的发展水平，摸清城市社区邻里互助养老所处的发展阶段，了解城市社区邻里互助养老组织化所需的条件，发现城市社区邻里互助养老组织化存在的困境，为进一步推动城市社区邻里互助养老组织化发展奠定实践基础。

第二，创造性地提出城市社区邻里互助养老“预阶段”的概念，加深对城市社区邻里互助养老的阶段性认识，扩展城市社区邻里互助养老研究的理论框架和内容。

本书认为，城市社区邻里互助养老具有阶段性特征，可分为预阶段、开始阶段、发展阶段和整合阶段。预阶段是城市社区邻里互助养老的准备期。由于社区发展具有不均衡性，有些社区即使应用了现成的模式，从持续性发展的角度来看还需要进行预阶段的“补课”。在了解城市社区邻里互助养老阶段的基础上进行阶段性治理，是必然选择。这补充了城市社区邻里互助养老研究的框架和内容，具有一定的理论意义。

第三，强调以城市社区日常生活为中心，以多元主体共同合作的组织化治理为方向，为城市社区邻里互助养老的政策制定指明方向。

城市社区邻里互助养老的组织化治理应以社区日常生活为中心，围绕居民的养老服务需求，通过多元主体共同合作提供支持条件，确定邻里互助养老的治理内容，明确政策制定的方向。社区日常生活是能够把互动转化为互助的前提和基础条件。多元主体共同合作是动员和利用社区内部力量的必要条件。

第四，依据促进城市社区邻里互助养老组织化治理的内容和策略，构建治理框架，为实现城市社区邻里互助养老组织化治理目标提供实践依据。

本书认为，我们应该结合制度化支持、互助价值培育、社会关系支撑、社会组织协作、社区的基本特征确定组织化治理策略，形成治理框架，营造适宜的社区支持环境，改变社区主体的“低组织化”状态。

总之，在促进多元主体参与城市社区治理的过程中，我们不仅要强调对老年人养老服务的供给，也要强调老年人对养老服务的需求。当前，老年人追求有质量的生活。社区不能只提供单一层次的养老服务，还需要迎合老年人生活理念和生活方式的转变，满足老年人的多元需求，并解决当前的供求矛盾。这样一来，我们要适时了解老年人的需求，及时调整服务供给。城市社区邻里互助养老强调邻里的他助、自助、互助过程。我们应通过邻里互动、互助等把握老年人的深层次需求，提供对应的服务。在推进城市社区邻里互助养老组织化治理的过程中，我们应提供有利于邻里互动、互助的条件，重塑城市社区邻里互助价值，创造城市社区邻里互动空间，提高社会组织参与互助养老服务活动的能力，协调多元主体参与互助养老服务活动。

第二节　概念界定

一、邻里互助养老

邻里互助养老由来已久，是中国传统社会的一种重要的养老方式。过去，人们主要依托宗族乡邻来解决养老问题，总结传统社会中相关主体有组织地参与养老实践活动的经验，形成互助共同体。这为我们认识和理解当代城市社区邻里互助养老奠定了基础。当前，为了应对养老问题，国内外研究者开始探索各种养老模式，邻里互助养老逐渐进入我国研究者的视野，成为一种解决养老问题的方式。从内涵和形式来看，邻里互助养老并不是一种模式创新，而是对传统模式的一种整合和超越，是对社会养老服务体系的有益补充。①

邻里互助是指具有地缘条件的邻居之间的互帮互助。邻里互助养老主要是指通过邻居之间的互助来解决老年人健康、心理、精神和生活等方面的问题，进而达到老有所养的目的。对于邻里互助养老，学术界有三种具有代表性的观点，主要

① 金华宝：《社区互助养老：解决我国城乡养老问题的理性选择》，载《东岳论丛》2014 年第 35 卷第 11 期。

是从年龄层次和主体范围等方面进行界定。有的研究者认为，邻里互助养老是指社区中低龄老年人为高龄老年人提供服务，以社会工作作为媒介来发掘老年人闲置资源的养老服务方式。这种界定在年龄层次和主体范围上指向老年人。有的研究者认为，邻里互助养老是指通过协会援助和互助的方式协助照料居住在城市社区的老年人，并促使老年人之间形成互助关系的养老服务方式。这种界定主要延伸为老年人之间的互助支持。这种界定在年龄层次和主体范围上指向社区居民。有的研究者扩大了邻里互助养老的内涵，认为社区养老的利益相关主体都可以成为互助的来源，社区中的老年人、其他年龄的人群、参与社区邻里互助活动的社会组织等都能够提供养老支持。这种界定在年龄层次和主体范围上指向社区居民和其他利益相关主体。老年人、社区居民和其他利益相关主体是能够通过互助的方式提供服务和支持的主要载体。

人口老龄化已成为常态问题，我们应及时做出反应和调整。我们在解决养老问题时应调整方向，“实现从碎片化管理向整体性治理、从聚焦于老年人口向强调全人口全生命周期的转变”①。从研究目的出发，本书选取的是多元主体合作治理的角度，邻里互助养老的利益相关主体包括政府、社区、社区组织、社会组织、物业、居民。本书认为，邻里互助养老是指共同生活在同一社区的各年龄层的居民与政府、社区居委会、物业、社区组织、社会组织等利益相关主体一起，为邻里互助提供支持条件，构建支持网络，在精神、心理、

① 胡湛、彭希哲：《应对中国人口老龄化的治理选择》，载《中国社会科学》2018年第12期。

日常照料等方面为老年人提供支持和帮助。邻里互助养老是一种满足老年人日常需求的养老方式。

二、社区治理

从“社区服务”概念到“社区建设”“社区管理”概念，再到“社区治理”概念的变化，显示出解决社区问题的理论创新和实践创新。社区治理是当前社区发展中满足居民需求的策略。

社区治理是治理理论在解决社区问题中的运用，是国家和社会推动社区发展的选择。对于社区治理的界定，学者们一般认为，社区治理是指在社区场域中通过政府、企业组织、社会组织、社区组织、社区居民等主体相互合作与互动来应对社区公共问题、管理社区公共事务。[①] 这种观点强调多元主体共同参与社区治理，强调多元主体合作治理，是当前城市社区治理的主流观点。本书采用多元主体合作治理的观点，强调多元主体共同解决社区养老问题。

利益相关者理论被广泛应用于社区治理研究领域。有研究者依据利益相关者理论将社区利益相关者分为确定型利益相关者、预期型利益相关者和潜在型利益相关者，并区分出核心层、支持层和扩展层。核心层由确定型利益相关者组成，包括政府、社区的主体组织、社区居民和物业等。支持层由预期型利益相关者组成，包括社区非营利组织、社区所辖企

① 魏娜：《我国城市社区治理模式：发展演变与制度创新》，载《中国人民大学学报》2003 年第 17 卷第 1 期。

事业单位。扩展层由潜在型利益相关者组成，包括外部社会组织、高校等。[①] 由此可见，多元主体参与呈现出有核心、有外围的格局。在本书中，利益相关者是能够为邻里互助养老提供支持的重要主体，涉及核心层、支持层和扩展层的政府、居民、社区居委会、物业、社区社会组织、外部社会组织等。

由此，本书认为，社区治理是指在社区场域中政府、社区居委会、物业、社区自组织、社会组织和居民等主体处理社区公共事务、解决社区公共服务问题、最终实现目的的过程。其中，政府、社区居委会、居民是核心，其他主体是支持者。这就形成了多元治理格局。

三、社区组织化

社区组织化是提升社区治理有效性和保证社区生活有序化的重要选择，是创新基层社会治理的重要依托。[②] 从已有研究可以看出，组织化是一种状态，也是一个过程：组织化是人们被组织起来的状态，是从非组织化状态转变为准备进入或进入组织的组织化状态；组织化是一个演化过程，是由简单组织层次演化为复杂组织层次的过程。在进入组织化的过程中，人们会按照一定的框架开展活动，最终实现有序发展的目的。从社区的角度来说，居民被组织起来，能够以组织化状态快速、有效地参与处理社区公共事务。同时，居民被

---

① 徐延辉、龚紫钰：《城市社区利益相关者：内涵、角色与功能》，载《湖南师范大学社会科学学报》2014 年第 2 期。

② 刘开君、卢芳霞：《再组织化与基层社会治理创新——以“枫桥经验”为分析案例》，载《治理研究》2019 年第 5 期。

组织起来也是一个治理过程。在此过程中，居民获得能够被组织起来的性质和特征，将低组织化状态转变为高组织化状态。

当前，一些社区呈现出低组织化状态。社区组织化是一个过程，以社区自治性为主要特征，是各主体参与和协商的过程。社区组织化能够聚合社区资源，增加社区社会资本，实现社区有效治理的目的。[①] 社区组织化强调多元主体积极参与，使多元主体能够依据社区公共服务要求行动，形成良性互动关系，构建多元主体格局，实现居民有组织地参与解决社区公共问题的目的。本书强调，社区组织化是一个演化过程，具有一定的阶段性特征，是从低到高、从简单到复杂的过程。多元主体共同参与是当前社区治理的选择，也是社区邻里互助养老发展的选择。

因此，本书认为，社区应采用一定的治理手段和策略，整合利益相关主体，促使居民有组织地参与社区邻里互助养老活动，实现以组织化的形式解决社区养老问题的目的。本书关注的重点是社区以组织化的形式运转起来的基础条件和内容，以及社区治理中居民被组织起来参与邻里互助养老的条件。

① 李雪萍、陈艾：《社区组织化：增强社区参与达致社区发展》，载《贵州社会科学》2013 年第 5 期。

第三节　文献综述

一、社区邻里互助养老的相关研究

（一）社区邻里互助养老的定位、内容和功能

1. 社区邻里互助养老的定位

社区邻里互助养老的相关研究包含在社区互助养老的研究中，而社区互助养老主要体现为邻里之间的互助，是由社区居民提供服务来解决老年人需求问题的养老方式。研究者围绕社区互助养老是怎样的养老形式这一问题进行了深入探讨。有研究者认为社区互助养老是养老福利条件不足的情况下的一种过渡和补充形式。也有研究者认为社区互助养老是一种介于纯社会化养老和居家养老之间、符合中国国情的行之有效的新型养老模式。这种对社区互助养老定位的争论一直持续着。争论的焦点主要集中在社区依靠邻里之间的互助能否持续性提供服务、社区互助养老能否成为养老体系的正式组成部分等问题上。近几年颁布的有关养老的政策显示，社区互助养老通过继承中国传统文化、依靠社区邻里志愿服

务力量，成为我国能够被依赖的一种正式的养老方式。多数研究者认为，社区互助养老应该是一种无偿的志愿服务，不应该包含有偿的服务。但对于这种认识，有研究者提出了质疑，认为低偿的社区服务应包含在社区互助养老中，有的地区已经持续地采用了低偿的社区互助养老方式，并积累了经验。从重要性来看，邻里互助养老能够切实解决社区老年人的需求问题，成为一种可以依靠的社区居家养老方式。那么，是否在社区互助养老服务中增加低偿服务就不是问题的关键，而依靠邻里互助解决实际问题才是核心问题。因此，对社区邻里互助养老定位的重点是“邻里互助”。虽然意见不一致，但是研究者都认为社区互助养老在养老问题的解决方面具有重要作用。年轻人不断外流与老年人留守的双重压力促使社区倡导邻里互助养老模式，邻里互助养老在一定意义上发挥着支持作用，解决了社区养老的供给难题。

2. 社区邻里互助养老的内容和功能

有研究者把老年人的赡养需求分为物质供给、生活照料、精神安慰。也有研究者根据邻里之间的求助性行为对老年人的需求进行了更加细致的划分。求助性行为可分为工具性求助行为、信息性求助行为、情感性求助行为。相应的邻里互助养老的服务内容涉及水电维修、代缴代购、卫生清洁、陪同看病、帮助下楼、清洁身体、看护病人、服药咨询、营养健康咨询、生活信息咨询、陪聊、精神慰藉等。这些需求是老年人的日常生活需求。只有满足这些需求，老年人的生活质量才能得到切实提高。

社区邻里互助是解决老年人需求问题的一种途径。社区邻里互助养老可以推动社区养老的发展，也可以帮助老年人满足多元需求。社区邻里互助养老对社区养老资源的有效配置起着不可或缺的作用，有利于解决社区养老服务供给短缺、服务资源不足等问题。社区邻里互助养老不仅能够减轻政府的养老负担，还能够加强人与人之间的交流，有利于构建和谐社区，对家庭、社会和国家具有重要意义。

对于老年人来说，社区邻里互助养老能够解决老年人日常生活中更为细小的需求问题，使老年人能够及时获得帮助。另外，社区邻里互助养老能够降低老年人的患病概率，减少老年人住院的可能性。社区邻里互助养老能够促使老年人充分感受到自己的人生价值，是改善老年人健康的一种重要方式。城市和农村的老年人有很多相同的需求，社区邻里互助养老的内容具有同质性，但城市和农村在老年人基本情况与社区特征方面存在明显的差异。以往有研究者注意到，农村老年人的互助包括劳动过程中的互助、物质层面的互助、精神层面的互助。[①] 与农村老年人相比，有退休金和养老金的城市老年人不需要再进行劳动，不需要劳动过程中的互助。但城市社区集合式居住的形式增加了日常生活需求。这就使得城市和农村邻里互助养老的服务内容存在差异。

（二）社区邻里互助养老的实践模式与特征

在积极老龄化的背景下，近年来，国内外的养老实践更加注重对老年人力资源的发掘和利用。邻里互助养老实践凸

① 屈天海：《邻里互助　农村社区服务的一种重要形式——对四川省通江县农村社区服务的调查》，载《民政论坛》1995年第2期。

显出社区社会资本、社区组织化的支撑作用，逐渐使老年人在互助的过程中实现自助。邻里互助养老成为积极应对养老问题的模式之一。典型的邻里互助养老模式包括时间银行、多代居、亲友邻里互助、村庄互助养老等。时间银行是20世纪80年代提出并创立的，已经在多个国家和地区得到实践，是当前颇有影响力的邻里互助养老模式。时间银行通过重塑社区中人与人之间的信任关系，以志愿服务的形式换取时间货币。等到需要被服务时，人们可以支取时间货币，用以换取相应的服务。在时间银行开始推行时，主要参与对象是老年人，尤其是低龄老年人，其形式以低龄老年人照顾高龄老年人为主。随着社区志愿服务体系的建立和完善，时间银行的参与对象扩大到青年、中年群体，时间银行的服务具有了多样性和持续性特征。通过时间银行，参与对象增加了自信和对社区的归属感，感觉自己是被需要的，同时找到了为社会做贡献的自豪感。因此，时间银行是一种以多方互惠为价值导向的模式，有助于推动社区可持续发展。多代居互助养老模式以“公寓式”多代居和“家庭式”多代居为代表。“公寓式”多代居是指社区中的老年人多代同堂，集中居住在公寓中，形成养老共同体，互相帮助，互相照顾。“家庭式”多代居则以老年人同堂互助或老少同堂混搭互助的方式解决养老问题，成为代际互助养老的重要模式。

当前，我国应用得较为广泛的社区邻里互助养老模式是互助幸福院、时间银行、据点活动式、结对组圈式等。互助幸福院是一种有组织的区域性互助养老模式。该模式以行政村为单位，在政府的支持和监管下由村委会组织和推行，充分利用闲置住房供老年人集中居住。河北肥乡模式是典型代表。时间银行是城市社区应用得较多的模式。1998 年，上海市虹口区提篮桥街道推出了“时间储蓄式为老服务”，并在全市推广，这标志着我国开始了时间银行模式的探索。随着影响力的扩大，时间银行模式逐渐在各个城市得到应用，取得了比较显著的成绩。随后，据点活动式互助养老模式出现，并发挥重要作用。2007 年，青岛市四方区推行了据点活动式互助养老模式。结对组圈式互助养老模式采取老年人自愿或匹配结对与组圈的方式，进行抱团养老，包括结对互助、“关爱圈”互助、“老伙伴”计划等具体形式。这些邻里互助养老模式的推行为继续完善城市养老服务体系奠定了良好的基础，体现了邻里互助可以成为社区养老的重要形式。

（三）社区邻里互助养老存在的问题、对策与发展路径

1. 社区邻里互助养老存在的问题

由于各地区的文化因素、推进主体与支持程度存在差异，邻里互助养老在实践中出现了一些问题。首先，政府部门的引导和推动作用有待加强，政策法规有待完善，运作资金相对缺乏，管理有待完善，这导致邻里互助养老发展速度较慢。当前，政府是推进社区邻里互助养老发展的主要力量。政府提供了政策支持、资金支持等。这为社区推行邻里互助养老模式提供了保障。有些具有代表性的社区的互助养老就是在政府的支持和推动下逐渐发展起来的。但有些社区也形成了资源依赖性，一旦政府的支持撤出，这些社区就出现了持续

性发展力量不足甚至停摆的情况。[①] 其次，民间力量参与程度有限，互助组织支持不足。社区邻里互助养老需要民间力量参与，需要发掘社区互助资源、激活社区内在潜力，以多样化渠道促进互助组织的发展。但社区行政化倾向导致民间力量参与程度不足。再次，社区老年人之间的互动较少，互助支持力度较弱。城市社区邻里之间关系的疏离化影响了居民（尤其是老年人）之间互助行为的产生。虽然从全年龄周期的角度来看，青年人和中年人是社区邻里互助养老有待发掘的对象，但现实中还是以老年人参与为主，老年人之间的互帮互助成为社区互助养老的重要保证。但老年人的互动交往减少带来的影响是互助支持力度较弱。这与城市社区的空间结构有关，互动空间缺乏导致互动减少，缺乏互动的老年人无法得到更好的互助支持。最后，文化因素对邻里互助养老的发展存在一定的影响。有研究者发现，一些老年人的互助养老意愿比较强烈，但是能够参与到互助养老活动中的老年人较少。他们主要受到脸面观和养老文化因素的影响。一些老年人并不看好互助养老模式，虽然认为互助养老是一种较好的养老方式，但是在实践中对互助形式和互助的持续性持怀疑态度。同时，一些老年人的家庭成员对互助养老模式不认同，这也造成老年人参与不足。

2. 社区邻里互助养老的对策和发展路径

针对社区邻里互助养老存在的问题，研究者提出减少资源依赖性，提升互助养老能力，鼓励民间力量参与社区治理，

---

① 王伟进：《互助养老的模式类型与现实困境》，载《行政管理改革》2015年第10期。

加强社区居民之间的互动与互助，在社区文化建设上注重社区互助的价值和意义。同时，研究者根据实践经验总结出了社区邻里互助养老的发展路径。社区邻里互助养老的发展路径主要有四种类型。一是政府主导型。这种类型主要通过政府积极引导、提供资源支持，推进邻里互助养老的发展。其主要特点是以政府为主要的发起者，通过项目、资金支持等开展互助养老活动。其代表是上海市“老伙伴”计划、南京市时间银行、泰来县农村互助养老等。政府主导型具有行政资源优势，在推进社区邻里互助养老发展时能够形成一定的规模，也能够提供合法性支持。例如，泰来县农村互助养老就是凭借政府的持续性支持发展到一定规模的。① 二是互助组织主导型。组建多种类型的互助养老团体是互助养老的根本要义，包括社会工作机构在内的很多社会组织针对邻里互助养老的发展问题提出了很多计划，并进行了实践。互助组织是发展邻里互助养老的重要力量。我们应依托政府、社区等主体建立和发展各种互助组织，为互助组织创造条件、提供资金支持，实现逐步完善互助养老体系的目标。青岛市四方区据点活动式互助养老模式是这种类型的代表。三是企业-社会组织-社区联动型。北京某养老中心在推行互助养老模式的过程中，采取了多个主体联动的方式，引入企业、社会组织，结合社区的实际情况，倡导老年人参加互助养老志愿活动，提升老年人的幸福感。② 四是关系网络主导型。这种类型主要

① 李海东：《黑龙江泰来县：打造农村互助养老新模式》，载《中国民政》2018 年第 21 期。

② 苏铎、徐丽、刘黎明：《北京市互助居家养老志愿者幸福感研究》，载《合作经济与科技》2020 年第 8 期。

体现为“积极分子”在社区活动中利用社会关系网络发展邻里互助养老。比如，很多社区存在的“××老人聊天室”就是此种类型。社区邻里互助养老不存在统一化的发展路径，我们应根据实际情况选择适宜的发展路径。

二、社区组织化治理的相关研究

（一）社区多元主体合作治理

学术界对社区治理模式的划分有两种具有代表性的思路。一种是将社区治理模式划分为单中心秩序和多中心秩序。单中心秩序更多地强调公民社会理论的低度运用；多中心秩序更多地强调公民社会理论的高强度运用。[①] 另一种是将社区治理模式划分为强政府-弱社会关系背景下的全能控制模式、强政府-弱社会关系背景下的政府主导模式、强政府-强社会关系背景下的国家与社会合作共治模式、弱政府-强社会关系背景下的社区自治模式。[②] 随着政府与社会在社区治理过程中的分权，社区治理从一元到多元的互动结构逐渐形成。[③]

当前，社区治理主要呈现出多中心治理的趋势。社区治理蕴含着合作的理念，各个利益相关主体为解决社区的公共

① 王芳、李和中：《城市社区治理模式的现实选择》，载《中国行政管理》2008 年第 4 期。

② 朱仁显、邬文英：《从网格管理到合作共治——转型期我国社区治理模式路径演进分析》，载《厦门大学学报（哲学社会科学版）》2014 年第 1 期。

③ 陈伟东、李雪萍：《社区治理与公民社会的发育》，载《华中师范大学学报（人文社会科学版）》2003 年第 42 卷第 1 期。

问题进行合作、协商、行动。结合我国社会发展阶段和社区公共问题解决的实际情况，研究者不断探究行政管理和居民自治之间的张力，以及社区行动能力与行动策略。合作治理模式成为主要的选择。在加强社区治理体系构建的要求下，政府、社会组织、社区和居民等多元主体的“共治”趋势越来越显著。在社区合作治理的对策方面，研究者从社会资本、社区共同体、社区治理资源等角度提出了相应的对策和建议。社会资本投资是提高社区凝聚力、提高社区成员集体行动能力、促进社区发展的有效途径。① 构建社区共同体是社区治理的重要出路，政府在构建社区共同体的过程中发挥主要作用。② 各地社区不断探索适合自身的合作治理模式，如宁波以项目制为载体进行社区治理。虽然多中心社区治理成为主流趋势，但是也有学者对此存疑，认为中国传统文化使得多中心治理模式较难推行。一些社区存在以社区基层党组织、社区居委会等基层组织为中心，以社区“积极分子”为辅助的主辅结构的治理形态。因此，我们需要结合中国文化和社区历史发展情况进行具体分析，深入认识社区治理结构。

（二）社区组织化治理的维度与途径

随着社会的转型，社区治理的要求不断发生变化。尤其是“单位制”消解以来，原来隶属于各单位组织的个人回归到社区，在“去组织化”和“低组织化”的背景下，社区出

① 燕继荣：《社区治理与社会资本投资——中国社区治理创新的理论解释》，载《天津社会科学》2010 年第 3 期。

② 曹海军、鲍操：《社区治理共同体建设——新时代社区治理制度化的理论逻辑与实现路径》，载《理论探讨》2020 年第 1 期。

现了多元需求问题。那么，如何推进社区组织化治理，则成为研究者要解决的问题。

1. 社区组织化治理的维度

有研究者认为，“社区组织化的关键是要在社区中生成一种组织性概念和营造组织化氛围，其内含着个人与组织积极共生的连接思维”①。社区组织化强调的是对社区组织化氛围的营造和对价值的构建，凸显了对基础性条件的关注。还有研究者认为，人们能被组织起来的关键在于资源输送与多元组织协作，这是推进社区组织化进程的核心要素，组织化是基层政府调动各个主体有组织、有秩序地为居民提供服务的动员过程。② 这里强调社区组织化治理的核心是政府及相关主体协同联动，进行资源输送。由此可以看出，社区组织化的核心要素包括基层政府动员、个人与组织积极共生、资源输送、多元组织协作等。具体来说，在社区组织化过程中，政府进行管理和动员，多元主体相互协作，进行资源输出，在具有组织化氛围的社区中提供服务。本书认为，社区组织化治理维度包括制度化支持、价值、社会关系和组织。

首先是制度化支持维度。政府在社区组织化治理过程中提供制度化支持。有关社区组织化治理制度化支持的研究更多地集中在政府与社区之间的互动形式上，也就是社区以何种形式参与社区治理。一般来说，政府在应对社区组织化治

---

① 徐建宇：《城市社区治理中社区组织化的连接、选择与策略研究》，载《中国行政管理》2019 年第 9 期。

② 颜德如、张树吉：《组织化过程中政策工具与组织协作的协同关系分析——基于 1989—2019 年城市社区服务的政策文本研究》，载《上海行政学院学报》2021 年第 22 卷第 1 期。

理时有两种倾向：一种倾向是政府不干涉；另一种倾向是政府和社区建立直接和互动的关系。这两种倾向的区别在于政府在社区组织化治理过程中所采取的“支持性行动”的程度不同。但通过比较可以发现，政府在两种倾向下都发挥着重要作用，是不可忽视的重要行动者。主要原因是政府仍掌握着社区组织化治理所需的各种重要资源，并以制度化的方式分配资源。同时，社区其他主体对政府资源具有依赖性。这就决定了政府与其他行动者之间合作的倾向更为显著。在社区治理实践中，国家权力其实是嵌入在社会结构、社会关系和社会规范之中的。[①] 这使得政府在社区组织化治理中的角色和地位更加突出。因此，制度化支持是社区组织化治理的重要维度。

政府在社区治理中起到了不可忽视的推动作用。政府是促进居民与组织连接的重要力量。政府通过寓管理于服务的方式将行政资源转化为社区发展资源。政府能够通过制度对行为进行控制与限制，同时也能够对行动者进行支持和赋权。各个治理主体依赖正式制度及衍生制度获得发展。政府能够调动各个治理主体有组织、有秩序地输出资源，打开居民与组织的连接通道，为社区组织化治理提供条件。政府可以为社区组织化治理提供制度框架，支持社区解决公共问题，鼓励多元主体为社区组织化治理贡献力量。

其次是价值维度。在社区发展研究中，价值一直被认为是重要因素，社区发展的主要内容之一就是以制度弘扬价值，

---

① 袁方成：《嵌入式治理的赋权基础与路径——来自城市社区的经验分析》，载《江苏师范大学学报（哲学社会科学版）》2019 年第 45 卷第 2 期。

对价值进行培育。社区组织化是自上而下与自下而上相结合的互动过程。[①] 治理共识的形成是必要的基础。因此，社区在进行组织化治理时需要考虑价值培育，形成解决社区公共问题的组织化思路。

再次是社会关系维度。社区治理需要有机的社会结构作为支撑，这样才能形成有序的局面。其中，社会互动关系为社区生活的有序化奠定基础。社会关系基础为社区组织化治理的有序化提供了前提条件。以往研究指出，应结合历史文化和规范习俗来研究社区治理，人们对“人在关系中”有独特的认识，所处的情境嵌入了一定的社会关系，这使得互动成为可能。共同生活在一起的居民通过在社区中持续互动，形成社会关系，增加社区社会资本的存量，为社区发展提供内在动力，为社区公共服务提供支持。社会资本的培育一直被认为是社区治理的重要基础。社会资本的培育就是发现居民特定的社区交往需求并为其创造相应的结构性条件，使社区成为一个持续的互动系统。[②] 社区的发展和公共服务的提供需要依赖社会资本。

最后是组织维度。在基层治理转型过程中，社会组织参与社区治理是应有之义。社会组织可以支持社区建设，满足居民的多元需求，培育社会公益精神，化解社区矛盾，发挥重要的社会功能，提升居民的生活质量和幸福指数。从公民治理、政府职能转变、和谐社区建设、社区自治等角度来说，

① 徐建宇：《城市社区治理中社区组织化的连接、选择与策略研究》，载《中国行政管理》2019 年第 9 期。

② 方亚琴、夏建中：《社区治理中的社会资本培育》，载《中国社会科学》2019 年第 7 期。

社会组织发挥着重要作用。①

社区组织化治理维度为本书提供了研究框架。我们需围绕上述四个维度对社区组织化治理进行研究，进而进一步探索邻里互助养老的组织化治理。

2. 社区组织化过程中主体间的连接途径

在有些社区，个人与组织的连接通道存在碎片化问题，居民的社区参与渠道有时受到一定程度的限制，这影响了居民参与社区公共事务和提供服务。因此，建立更多的社区组织化通道成为重要的关注点。

居民参与社区公共事务和提供服务的常见途径是参与到与社区相关的组织中。居民可以参与社会组织，也可以参与社区组织等。居民参与到各种组织形态中，实现一定程度的组织化。社区组织化在建立社区治理连接通道方面存在关系式连接、赋权式连接和任务型连接三种连接形式。② 社区可以通过构建中间组织来建立连接通道。大力发展社会工作机构是社区组织化的有效途径。③ 另外，社区居民可以以个人身份参与社区公共事务，个人身份对社区问题的解决与社区事务的处理具有一定的作用。总之，当前社区组织化的主要途径就是参加社区的各种组织。居民需要具备组织化的条件，并参与到组织中。

---

① 康晓强：《社区社会组织与社区治理结构转型》，载《北京工业大学学报（社会科学版）》2012 年第 12 卷第 3 期。

② 徐建宇：《城市社区治理中社区组织化的连接、选择与策略研究》，载《中国行政管理》2019 年第 9 期。

③ 徐永祥：《社会的再组织化：现阶段社会管理与社会服务的重要课题》，载《教学与研究》2008 年第 1 期。

（三）社区互助养老组织化治理及存在的问题

研究者认为，社区互助养老需要强有力的组织作为依托和保障，社区需要建立互助组织来支持互助养老的发展，组建多种类型的互助养老团体是发展社区互助养老的根本要义。很多社区已开展多种活动，促进了互助养老组织化发展。研究者提出，社区互助养老组织化治理需要政府、社会、社区、居民等共同努力，壮大社区互助养老队伍，为各类互助组织提供制度规范、资金支持等。① 但在实践过程中，社区互助养老组织化治理存在一定的问题。

首先，政府支持力度有待进一步加大，居民与组织连接的制度安排有待完善。

政府在城市社区建设中起到了不可忽视的推动作用，在社区互助养老组织化治理中扮演着重要角色。政府的支持和投入为居民关注和重视互助养老提供了可能。但政府在推进社区互助养老发展方面的支持力度有待进一步加大。我国近年来制定了一些有关社区互助养老的政策，但是有些地区对社区互助养老不够重视，在社区层面缺少制度支持和保障。这主要表现为社区互助价值引导缺失，资金投入不够，项目支持力度不够。这影响了依赖制度资源的主体的资源输出。各个主体释放出来的资源无法转化为集体资源。另外，由于社区治理存在“行政化”和“碎片化”倾向，各主体无法形成合力，无法为居民与组织的连接提供

① 甘满堂、娄晓晓、刘早秀：《互助养老理念的实践模式与推进机制》，载《重庆工商大学学报（社会科学版）》2014 年第 31 卷第 4 期。

更多的有利条件。由于行政性任务较多，有些社区忙于执行基层政府的指令，无暇顾及居民。这导致居民无法真正参与到社区治理中。

其次，有些社区较少培育互助价值，缺乏共享价值。

价值作为集体行动背后的关键要素，能够加深我们对集体参与的理解。以社区为集体的成员通过相互交往认可与共享某一个或某一类价值，形成共同的价值观念，从而在社会生活中形成价值定位。价值的认同和共享是社区治理的重要方面，它作为内源性驱动因素，有利于促进社区集体关系的建立，有利于组织性概念的生成，也有利于组织化氛围的营造。价值的认同和共享还有利于多元主体产生积极共生的连接思维、构建组织化治理的连接通道。社区互助养老的经验表明，互助价值的培育贯穿于互助养老实践过程中。社区应结合居民对生活的体悟进行价值宣传。互助价值的培育是邻里之间进行互助的催化剂，在推动邻里互助养老发展方面具有重要作用。很多社区在推动邻里互助养老发展时都明确了互助价值的重要性。

社区对互助价值的培育欠缺主要体现为对互助氛围的营造欠缺。有些社区只是完成政府要求的互助养老任务，对自身在互助养老中的定位和认识不足，没有把握互助价值的重要性，在服务的设计和安排上强调技术性，缺少文化价值的嵌入，所取得的成效不高。有些社区在日常生活中没有设置和利用互助场景，没有发挥标语动员的作用，没有有效地引导居民参加社区活动，在养老服务活动中没有对互助价值进行培育。居民无法通过认同互助价值而被组织起来。这成为互助养老组织化发展的一个障碍。

再次，居民缺少互动空间和互动机会，居民与组织连接的社会关系基础较为薄弱。

增加互动是推进居民参与互助养老组织化治理的基础和重点。研究指出，城市社区居民之间的社会关系受制于互动空间，受制于能够增进社会关系的持续性机会。空间与邻里互助有着密切关系，空间的布局和安排制约着互动的频次和互助行为的产生。共同生活在一个社区的居民通过在社区公共空间中持续地互动，构建社会关系，增加社区社会资本的存量，为社区发展提供动力，为社区公共服务提供支持。社区互动空间的创建能够解决居民存在的交往契机不足的问题。居民可以在社区互动空间中驻足、聊天、交流等，进行日常性交往。这种日常性交往具有重要作用，能够使居民的“陌生感”转化成“亲切感”。

社区中公共空间建设和利用不足的情况较多。社区中一般都设有公共活动空间。公共活动空间中有凉亭、座椅、运动设施等，空间大小不同。居民可以在公共活动空间中进行交流。但有些社区的公共活动空间不利于居民驻足、交流和交往。社区中不同年龄群体对公共活动空间的需求不同，单一化的社区公共活动空间较难满足居民的多样化需求。有些社区存在公共活动空间利用率不高的情况。比如，我们经常会看到社区公共空间中驻足的人比较少，有些居民另辟社区一角，搬来临时的桌椅开展娱乐和交流活动。

最后，社会组织参与互助养老的能力不足，有些社区缺乏居民与组织的连接载体。

发展社会组织可以提升社区组织化的程度，社会组织能够把分散的互助养老资源整合起来。发展社会组织是提升社区互助养老组织化水平的一个重要渠道，但这对社会组织的能力提出了更高的要求。有些社会组织尚未形成与社区有效对接的机制，有时受到行政力量的牵引，无法真正促进居民参与互助养老活动，缺乏引导居民参与互助养老活动的组织能力，功能弱化，内生型公共性建设不足。[①] 社会组织在参与社区互助养老实践时，从进入社区、开展互助活动到完成推进互助养老发展的任务仍需要依赖行政区、街道、社区居委会。如果没有其他主体的支持，对于社区居民来说，社会组织仍是不具有公信力的陌生对象，无法完成推进社区邻里互助养老发展的任务。嵌入社区日常生活的过程，是社会组织获得支持的过程，也是社区内生型公共性建设的过程。为了提升参与互助养老的能力，社会组织需要嵌入居民的日常生活，与居民建立和谐、友好的关系，提升公信力，提高动员居民的能力，奠定群众基础。

另外，社区自组织资源丰富，基于兴趣爱好组建起来的自组织在社区中很常见。社区自组织具有互助的潜力，但有些社区忽略了自组织的能力和作用，没有以社区自组织作为载体来提升居民的互助能力。这使得社区丧失了一个连接居民与组织的重要载体。

---

① 王欣、杨君：《再组织化、公共性与社区治理》，载《长白学刊》2017年第1期。

三、研究述评

已有的理论分析和实证研究为本书的研究奠定了良好的基础，同时也存在着一定的局限。我们根据相关的文献综述，可以厘清以下几个方面的内容。

第一，有关社区组织化治理的研究比较多，但是有关解释和解决社区邻里互助养老低组织化问题的研究有待加强。

一些研究集中在社区组织化治理的重要性、内容和途径等方面，对具体的问题缺乏一定的解释力。这影响了解决问题的有效性。社区邻里互助养老需要居民具有组织化的共识并参与组织，需要社区具备组织化治理条件，需要相应的理论研究作为支撑。但遗憾的是，当前有关如何促进社区居民以组织化的状态参与邻里互助养老的研究较少。因此，我们需要对这一问题进行研究，积累经验，从而解决社区邻里互助养老的低组织化问题。

此外，已有研究对社区组织化治理的四个维度——制度化支持、价值、社会关系和组织进行了梳理，也总结了社区邻里互助养老组织化治理存在的问题。但我们也注意到，对组织化治理维度的考察是相对静态的，我们可以了解社区邻里互助养老存在的问题，但很难获得更深入的理解。有些研究没有把各个维度进行动态的串联，没有把各个维度放在社区邻里互助养老的发展过程中去理解。

第二，对社区邻里互助养老的宏观研究较为丰富，但对居民微观行动的关注不足。

已有研究对社区邻里互助养老的定位、功能、运行体系等进行了概括和说明，并在对宏观层面的社区邻里互助养老经验进行总结的基础上，对社区邻里互助养老体系进行了设计，确定了组织化治理的目标，强调建立互助组织或互助性质的组织，以促进社区邻里互助养老的发展。但对于如何在实践中识别社区邻里互助养老的发展阶段，以及如何使参与互助的主体组织起来，研究相对较少。此外，从微观角度分析邻里互助养老组织化的研究成果较少。我们需要对社区居民的日常生活进行细致考察，了解社区居民在互助氛围营造、互助能力提升、互动空间创建等方面的表现，明确社区居民在邻里互助养老组织化治理中的角色和地位。这也是本书关注的重点问题之一。

第三，有关社区邻里互助养老的横向研究较多，有关社区邻里互助养老的纵向研究较少。

现有研究中对国内外邻里互助养老的介绍，为我们提供了参考，开阔了我们的视野。但是有关社区邻里互助养老的纵向研究相对缺失。我们从社区实践的差异性角度出发，能够获得有关社区邻里互助养老模式的认识，但这种认识是扁平式的。因此，我们在研究社区邻里互助养老时就需要增加纵向维度，不仅要在横向上关注社区邻里互助养老的发展，还要把社区邻里互助养老放到纵向链条里去考察，了解社区邻里互助养老所处的发展阶段，以及其所需要的资源和条件，从而构建社区邻里互助养老的分析框架。

总之，我们认为，在当前城市社区倡导多元共治的背景下，在研究社区邻里互助养老组织化治理时，应结合组织化维度，识别其发展阶段，明确其支持条件，以邻里之间的微观互动和互助作为基础，分析社区居民应对养老问题的策略和措施，将互助养老嵌入社区整体的治理过程。

第四节　理论基础及分析框架

一、理论基础

结合社区组织化治理的相关研究，本书的理论基础主要包括合作治理、制度分析、价值认同、社会资本、社会组织发展等。

（一）合作治理

从社区治理模式的选择来看，研究者们推崇政府推动与社区自治相结合的社区治理模式，合作治理模式由此衍生出来。合作治理是新兴的治理理论之一，强调权力配置和资源分配的多元性，倡导多元主体参与社区治理。各个治理主体之间是均衡的互动关系。合作治理要求各个主体基于合作共治的理念，共同推进社区发展。总之，社区多元主体合作治理是推进社区建设与发展的出路之一。

城市社区邻里互助养老的发展需要政策、资源、价值和组织等方面的支持，支持力度需要加大。多元主体需要形成良性的互动关系，发掘与整合邻里互助养老所需要的资源，形成治理合力，推动邻里互助养老的发展。因此，探讨社区多元主体合作治理下的邻里互助养老组织化治理是本书的逻辑起点。

（二）制度分析

制度是制约人类行为和社会关系的社会规范系统，可以分为内在制度和外在制度。内在制度包括习惯、内化规则、习俗、礼貌、正式化内在规则；外在制度包括外在行为规则、专门指令和程序性规则。[①] 制度确立了人们行为选择的规则，对社会发展有着显著的制约作用。制度一直是学术界研究的热点问题之一，社会学、经济学、政治学、法学等各个学科都围绕制度对社会的影响和作用进行了深入的分析，形成了制度分析的理论框架。制度对行为具有控制与限制作用，对行动者具有支持和赋权的作用。这为研究社区组织化治理提供了思路。社区治理需要制度框架，从而推动政府、社区、社会组织、居民等多元主体进行良性互动，构建合作体系。研究者发现，以党建为引领是在理论和实践上能够实现合作治理的关键，要实现社区治理效能的最大化，就必须完善党建引领社区治理的制度体系，充分发挥党建的制度优势。[②] 完善的制度体系是实现社区有效治理的重要保障和有力支撑。

社区邻里互助养老组织化治理需要各种资源和条件，需要制度保障。从社区邻里互助养老组织化治理的制度安排来

---

① 洪名勇：《制度经济学》，中国经济出版社 2012 年版，第 102—103 页。

② 师林、孔德永：《制度-效能：基层党建引领社区治理的创新实践——以天津市“战区制、主官上、权下放”模式为例》，载《中共天津市委党校学报》2020 年第 1 期。

看，内在制度包括人们的互助价值和行为习惯，外在制度包括政府颁布的有关互助养老的政策和法规等。这些都是社区邻里互助养老必不可少的要素。同时，我们强调以党建为引领，使社区多元主体认同互助价值，共同促进社区邻里互助养老的发展。

（三）价值认同

研究者发现，价值认同会影响人们对集体行动的理解，影响人们参与集体行动的方式。居民通过相互交往，在观念上认可与共享某个或某类价值，形成共同的价值观念，从而在社会生活中明确价值定位。价值观的认同和共享是社区治理的重要内容。价值认同作为内源性驱动因素有利于促进社会关系的成功建立，有利于推动居民主动参与社区活动，有利于增加社区社会资本，也有利于构建各种服务体系。

社区邻里互助养老的利益相关主体需要重视与认同互助价值及相关价值，需要凭借共享的互助价值共同推动社区邻里互助养老的发展。这是利益相关主体在对邻里互助达成共识的基础上做出的行为选择。因此，我们需要对政府、社区、居民、社会组织等利益相关主体对互助价值的认识和认同予以关注。

（四）社会资本

社会资本一直是推进集体行动的重要力量。社会资本可以促使居民、社区和社会组织的力量凝聚在一起，进而共同解决社区公共问题。丰富的社会资本有助于满足老年人的服务需求，有助于提高老年人的生活满意度。[①] 社会资本与老年人的身心健康、服务支持相关。对于社区公共问题的解决，研究者们认为增加社会资本是有效的方法和途径。社区可以通过鼓励居民进行互动交往、营造良好的氛围、传播有益的信息、支持社会组织参与等方式来增加社会资本。我们在调查中发现，社区在推动邻里互助养老发展的过程中正是依托社区各主体的力量，形成社区社会资本，为老年人提供社会支持，提高老年人的生活质量，解决养老问题。我们在研究社区邻里互助养老组织化治理时需要对社区氛围、社区互动、社会组织参与等进行考察，重视社区社会资本。

（五）社会组织发展

社会组织作为沟通社会与政府的桥梁，日益彰显出对社会生活的影响作用。社会组织的发展受到诸多因素的影响。我们应扫除基层政府治理中的制度障碍，结合社会需求，营造鼓励社会组织发展的制度环境，促使社会组织与其他主体建立良性的合作关系。从当前的实际情况来看，社会组织主要是指两类组织，一类是在民政部门登记的“合法”的社会组织，另一类是没有在政府部门登记的组织。这两类组织都以互惠或服务大众为宗旨，是不以营利为目的的公益性组

① 窦影：《老年长期照护服务体系完善与社会资本干预——基于失智症老年人的分析》，载《社会保障研究》2017 年第 4 期。

织。[①] 社会组织是社会管理的组织基础，能够提供社会服务，满足人们各种服务需求，有助于解决市场失灵的难题。我们应大力发展社会组织，从而提升社会的再组织化程度。

社会组织作为解决社区养老问题的主体，能够连接政府、社区与居民，为发掘互助资源提供支持。我们通过考察发现，社会组织也在不断提高互助能力。我们应进一步认识社会组织在邻里互助养老中的角色和作用。

二、分析框架

通过梳理社区组织化治理的相关文献可以发现，制度化支持、价值培育、社会关系建立和组织参与是研究社区组织化治理的重要方面。本书将以制度、价值、关系、组织作为分析框架。本书通过分析以下四个方面来为社区邻里互助养老组织化治理确定发展方向和内容。

第一，党建引领下社区邻里互助养老实践是考察社区制度化支持的重要体现。

当前，社区治理强调以政府为核心、多元主体参与。社区邻里互助养老的组织化治理离不开党建引领。党建引领下的政府、社区、社会组织、居民等多元主体的合作治理是根本。在党的领导下，政府做好社区邻里互助养老的组织领导、宣传发动、指导协调等工作。社区党员发挥带头作用，鼓励

---

① 李俊群：《从制度供求的视角看当前社会组织的运行状况》，载《社团管理研究》2011 年第 1 期。

邻里之间进行互助、提供养老支持，推动社区邻里互助养老有序发展。根据党建引领的实践和效果来考察社区邻里互助养老，是理解制度化支持的一个重要方面。

第二，社区互助氛围的营造是考察社区互助价值培育的重要内容。

在实践过程中，互助价值与互助行为、互助养老服务有着密切关系。社区互助氛围是衡量互助价值的一个维度，能够体现出居民对社区环境的主观感受，以及对互助价值的认识和理解。社区邻里互助养老要求社区营造支持居民互帮互助的社区氛围。社区邻里互助养老的参与主体——政府、居民、社区、物业、社会组织等都应具有共享的互助价值观。社区只有营造有利于互助价值培育的氛围，才能有效地促使居民形成价值共识，进而推动各种服务的开展。

第三，社区互动空间的发掘是考察社区互助行为和互助关系的重要方面。

社区邻里互助行为的产生需要居民有互动空间。居民只有在一定的互动空间中才能产生互助行为。随着日常互动的增加，老年人在互动关系的基础上逐渐产生了互助行为。这是研究邻里社会关系网络的建立、邻里社会支持系统的完善等的前提。居民在社区互动空间的发掘过程中有着对日常生活的理解。这使得社区形成了独有的互动空间。居民在互动空间中产生了互助行为，并形成了相应的互助关系。

第四，社会组织参与互助养老能力的提升是考察社区邻里互助养老组织化治理的重要指标。

在社区需求逐渐多元化的背景下，社会组织是社区服务和社区治理的一个重要主体。社会组织包括社区自组织和社会工作组织。社会组织参与互助养老能力的提升是社会组织嵌入社区邻里互助养老组织化治理实践的重要条件。社会组织互助能力的提升，尤其是社会组织评估和解决社区居民养老需求问题的能力的提升，有利于促进邻里互助行为的增加，为社区邻里互助养老组织化治理奠定组织基础。

上述四个方面构成了本书的分析框架（见图 1-1），本书也主要从这四个方面对城市社区邻里互助养老进行调查与分析。

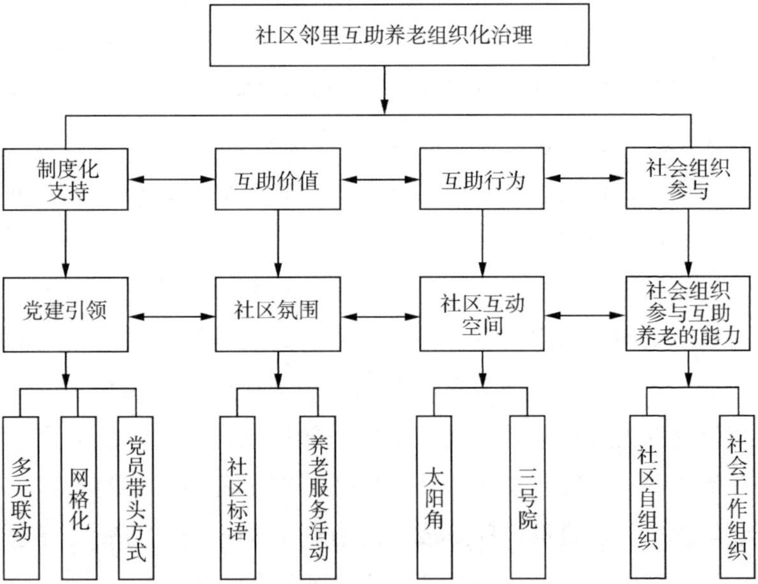

图 1-1　分析框架

第五节　研究内容和研究方法

一、研究内容

本书的研究内容主要包括四个部分。

第一部分包括第一章。第一章首先介绍本书的研究背景和意义，指出邻里互助养老对于解决城市养老问题的重要性，然后对本书中所用到的基本概念进行界定。在此基础上，第一章对社区邻里互助养老的相关文献进行综述和分析，内容涉及社区邻里互助养老的相关研究、社区组织化治理的相关研究。第一章明确了本书的理论基础。在文献梳理的基础上，第一章确定了制度化支持、价值培育、社会关系建立和组织参与是研究社区组织化治理的重要方面。此外，第一章对本书的研究方法做了介绍，明确了本书的研究重点和基本思路。

第二部分包括第二章，对调查地点的社区邻里互助养老的情况、特征与问题进行了介绍。本书以哈尔滨市为例。第二部分简要介绍了哈尔滨市的基本情况，以及哈尔滨市的老龄化现状和特征，并对所调查的社区进行了说明。第二部分对哈尔滨市社区邻里互助养老的发展阶段进行了分析，在此基础上，结合我国其他城市的社区邻里互助养老总结了特征，对存在的问题进行了简要分析。

第三部分包括第三章至第六章，对哈尔滨市社区邻里互助养老组织化治理实践进行了调查与分析，对社区邻里互助养老组织化形成过程进行了调查和分析。第三部分主要分析了以下四个方面的内容。第一，党建引领与多元主体联动是社区邻里互助养老组织化治理的制度格局，但部分社区存在党建服务能力有限、邻里互助养老推进不足的问题。第二，社区邻里互助氛围的营造对互助价值培育有着显著作用，但当前社区互助价值培育水平有待提高。第三，社区互动空间的创建和利用有利于互助行为的产生与互助关系的形成。第四，社会组织参与互助的能力影响邻里互助养老的发展。

第四部分包括第七章、第八章，主要分析城市社区邻里互助养老的治理特征、治理策略、治理方式与治理路径。城市社区邻里互助养老组织化治理需要具备基础条件。治理主体对社区资源供给和整合的程度不同，这导致邻里互助养老组织化治理水平存在差异，各主体挖掘和整合社区互助资源是当务之急。城市社区邻里互助养老组织化发展具有阶段性特征，其中预阶段对城市社区邻里互助养老组织化发展具有重要作用，是社区组织化的准备阶段。创设社区日常生活场景是社区邻里互助养老组织化治理的重要内容。社区日常生活场景中蕴含着邻里互助的资源。总的来说，社区应该采取阶段递进式的治理方式。

二、研究方法

根据研究目的，本书对社区治理、社区邻里互助养老、社区组织化等进行了调查与分析，主要采用了以下四种研究方法。

（一）文献分析法

根据研究目的和研究内容，笔者通过各种途径搜集有关社区治理、社区组织化、社区邻里互助养老的文献资料，掌握当前有关社区治理、社区组织化、社区邻里互助养老的基本理论、发展历史、最新理念、前沿问题和实践方法，在此基础上了解现阶段社区邻里互助养老的全貌。笔者利用全国人口普查数据，对调查地点的老龄人口的相关数据进行收集，对调查地点与其他地区进行比较，同时对调查地点的相关资料进行收集，了解调查地点邻里互助养老的发展阶段。在社区治理方面，笔者对社区治理的模式、特征和存在问题等进行了分析。在社区组织化方面，笔者对组织化形成过程和组织化建设过程进行了分析。在社区邻里互助养老方面，笔者对邻里互助养老模式及其应用的条件和背景进行了分析。

（二）调查研究法

笔者主要通过访谈法收集相关数据，并进行研究。本书选取哈尔滨市邻里互助养老的典型社区进行调查。访谈对象涉及街道、社区居委会、社区居民、社会组织等。笔者通过访谈法了解哈尔滨市社区邻里互助养老的基本情况，包括邻里间的互动关系、互助意愿和互助情况等。笔者采取半结构式访谈法对社区、社区老年人、社区自组织等利益相关主体进行深入访谈，在此基础上，对互助养老的相关资料进行研究，从而了解城市社区邻里互助养老的具体事件及其产生过程，以及社区自组织参与互助养老的情况。

（三）个案研究法

笔者还通过个案研究法对社区典型的邻里互助养老事件进行分析。典型个案蕴含着较多的信息，是把握社区邻里互助养老的着眼点和关键点。对典型个案进行分析，有利于我们了解社区邻里互助养老的特征，以及影响社区邻里互助养老的因素。本书中的个案研究主要涉及典型个案调查和典型社区事件调查。典型个案调查主要是针对社区中典型老年人的调查。典型社区事件调查主要是针对社区中出现的独特的互助空间或场所等的调查。

（四）多学科综合研究法

针对我国城市社区养老问题，研究者从不同学科和专业的角度进行了研究，这有助于我们全面认识社区邻里互助养老存在的问题和发展路径。利用多学科综合研究法，有助于我们了解最新的研究概念和框架体系，有助于我们综合分析社区邻里互助养老问题。

第二章

城市社区邻里互助养老服务的特征与问题

改革开放以来，从社区建设到社区管理再到社区治理的变迁，促使社区依托多元主体解决社区问题，促使社区总体治理格局发生变化，也带来了城市社区养老服务体系的逐步完善。社区养老服务模式在经历现代转型的过程中呈现出多样化的趋势，多元主体参与养老体系建设，社区通过多样化的养老服务方式解决养老问题。邻里互助养老就是在这个过程中逐渐出现和完善的。本章以哈尔滨市为例梳理与分析社区邻里互助养老服务的经验，并分析社区邻里互助养老的基本特征及存在的问题。

第一节　调查地点的基本情况

哈尔滨市地处我国东北地区，是我国东北北部的政治、经济、文化中心。哈尔滨市属中温带大陆性季风气候，四季分明，冬季漫长寒冷，而夏季则显得短暂凉爽。春季、秋季气温升降变化快，属于过渡季节，时间较短。截至 2022 年，哈尔滨市辖九区九县（市），分别为道里区、南岗区、道外区、香坊区、平房区、松北区、呼兰区、阿城区、双城区 9 个区，巴彦县、宾县、依兰县、延寿县、木兰县、通河县、方正县 7 个县及五常市、尚志市 2 个县级市。哈尔滨市共有 167 个乡镇、136 个街道办事处、1 047 个社区居委会、1 889 个村民委员会。[①] 全市总面积 5. 31 万平方千米，其中市区面积 10 198 平方千米。[②] 截至 2022 年，全市总人口 939. 5 万人。在全市人口中，市区人口 551. 39 万人。[③]

① 中共哈尔滨市委史志研究室主办：《哈尔滨年鉴（2022）》，哈尔滨年鉴编辑部 2022 年版，第 24 页。

② 中共哈尔滨市委史志研究室主办：《哈尔滨年鉴（2022）》，哈尔滨年鉴编辑部 2022 年版，第 21 页。

③ 数据来源于《哈尔滨统计年鉴（2023）》。

一、哈尔滨市老龄化现状与特征

根据第六次全国人口普查数据，截至2010年，黑龙江省60岁及以上老年人口占总人口的比重为13.03%；65岁及以上老年人口占总人口的比重为8.28%。[①] 根据第七次全国人口普查数据，截至2020年，黑龙江省60岁及以上老年人口占总人口的比重为23.22%；65岁及以上老年人口占总人口的比重为15.61%。[②] 按照联合国标准，一个国家或地区60岁及以上老年人口占总人口的比重超过20%或65岁及以上老年人口占总人口的比重超过14%，标志着这个国家或地区步入中度老龄化社会；一个国家或地区60岁及以上人口占总人口的比重超过30%或65岁及以上人口占总人口比重超过20%，标志着这个国家或地区步入重度老龄化社会。从黑龙江省老年人口数据的变化可以看出，黑龙江省老年人口迅速增长，超过全国平均水平，这预示着黑龙江省从轻度老龄化社会向中度老龄化社会过渡。根据统计数据，与2010年第六次全国人口普查数据相比，在第七次全国人口普查数据中，黑龙江省60岁及以上老年人口的比重上升10.19个百分点，65岁及以上老年人口的比重上升7.33个百分点。黑龙江省的老龄人口规模不断扩大，劳动力人口规模减小，劳动力老化现象日益突出。随着青壮年劳动力人口的外流，黑龙江省呈现出人口收

---

① 数据来源于国家统计局官网。

② 国务院第七次全国人口普查领导小组办公室：《2020年第七次全国人口普查主要数据》，中国统计出版社2021年版，第67页。

缩的态势。黑龙江省的养老压力较大。

表 2-1 黑龙江省老龄化人口现状

年份	60 岁及以上老年人口			65 岁及以上老年人口		
	全国占比	黑龙江省占比	黑龙江省排名	全国占比	黑龙江省占比	黑龙江省排名
2010 年	13.32%	13.03%	13	8.92%	8.28%	19
2020 年	18.70%	23.22%	3	13.50%	15.61%	6

作为黑龙江省省会城市，哈尔滨市同样具有较为显著的老龄化趋势，养老压力也较为突出。

第一，哈尔滨市老年人口占比较高，老龄化速度加快。根据哈尔滨市统计数据，哈尔滨市 1997 年进入老龄化阶段，2000 年，60 岁及以上老年人口占总人口的比重是 11.36%，2010 年这一数据增至 13.70%。2020 年，60 岁及以上老年人口为 2 287 604 人，占总人口的 24.10%，市区 60 岁及以上老年人口为 1 390 950 人，占总人口的 25.1%。① 这些数据显示，2000 年至 2010 年，哈尔滨市 60 岁及以上老年人口增长速度并不显著，增长了 2.34%，但 2010 年至 2020 年，60 岁及以上老年人口增长了 10.40%，哈尔滨市进入了老龄化“快车道”，从轻度老龄化社会进入中度老龄化社会。

① 数据来源于《哈尔滨统计年鉴 2021》。

表 2-2　哈尔滨市老龄化人口现状

年份	60 岁及以上老年人口占比	增速
2000 年	11.36%	—
2010 年	13.70%	2.34%
2020 年	24.10%	10.40%

第二，高龄老人占比增加，高龄化现象凸显出来。未来，高龄老人的增长将更为显著，这意味着高龄老人的养老需求和照护需求会逐年增加，这给城市社区养老带来了极大的挑战。

第三，老龄人口健康水平较低，对健康和照护需求增加。哈尔滨市半数以上的老龄人口是基本健康的。随着患病人数的增加，失能失智老年人的数量不断增加。但由于长期照护主要依赖家庭和市场，低收入老龄人口无法通过市场解决照护问题。同时，哈尔滨市存在家庭规模小型化与人口外流等现象，家庭的照护功能减弱，长期照护的实现难度增加。

第四，老龄人口的抚养负担较重。老年人口规模的增加提高了老年人口抚养比。老年人口所占比重上升，出生率下降。这使得劳动力的抚养负担加重。新中国成立以来，哈尔滨市成为国家重要的制造业基地，形成了多个工业制造工厂，是东北老工业基地的主要城市之一。当前的制造业仍然发挥着重要作用。这为哈尔滨市养老服务的发展带来了两个方面的影响。一是退休职工多。新中国成立以来参与工业建设的工人陆续进入退休阶段，哈尔滨市的老年退休职工比较多，退休金是其主要的收入来源。二是“单位制”社区形成。工业基地的建设带来的是“单位制”社区的建成。哈尔滨市现存的一些单位型小区多是在20世纪80年代、20世纪90年代、21世纪初建成的。从外观和管理来看，这些小区属于老旧小区，居民多为各个企业的退休职工。人均收入不高，养老的经济负担较大。

第五，候鸟式养老成为养老特征之一。哈尔滨市的气候特点为夏季短暂凉爽、冬季漫长寒冷，这导致部分生活充裕的退休老年人过着候鸟式养老的生活，老年人在每年10月份离开哈尔滨市到海南省、云南省、广西壮族自治区、福建省等地，等到4、5月份哈尔滨市春暖花开时再返回，在哈尔滨市度过温暖而凉爽的季节。这使得哈尔滨市养老服务政策和计划中需要包含异地养老服务的内容，影响了社区养老服务计划的持续开展，但也带来了提供养老服务的机会。

二、调查地点基本情况

本书主要通过对哈尔滨市主城区的6个区所辖社区进行调查，在此范围内选取了10个小区作为研究对象。这些小区主要包括商品房型小区和单位型小区。商品房型小区主要是在住房市场化后建设起来的，居民通过市场获得房源并聚居于此。单位型小区是由单位牵头为解决职工住房问题建设起来的。根据建成年代和居民的互动形式，单位型小区可以分为“老单位型小区”和“新单位型小区”。“老单位型小区”是新中国成立以来东北老工业基地建设后建成的，房屋年代较为久远，有些甚至是划定的老旧小区。单位型小区中互助养老组织化治理的思路是发挥退休老党员和老职工的带头作用，充分挖掘社区资源，进而实现社区组织化。① 在调查过程中，笔者在属于“老单位型小区”的 H 小区偶遇某个单位发放建厂周年纪念章，小区居民见面时都互相询问是否领取，并由此攀谈一阵。这显示出单位对小区居民互动的影响。相同单位的居民之间的互动更加频繁，这为挖掘社区邻里互助养老资源提供了可能性，为社区邻里互助养老实践创造了机会。“新单位型小区”是近二十年以来由单位面向职工集资建成的，其房价比市场价稍便宜一些，房屋较新，房屋产权较为明晰，产权更迭也比较频繁。“新单位型小区”呈现出居住时间不长、流动性大等特点。“老单位型小区”与“新单位型小区”的互动关系有所不同，居民之间的互助养老方式也存在差异。笔者结合所调查小区的基本情况与养老服务内容（见表 2-3）对哈尔滨市邻里互助养老服务的特征进行分析。

表 2-3　所调查小区的基本情况与互助养老服务情况

	小区名称	建成时间	类型	互助养老服务
1	Y 小区	1997 年	单位型	时间银行
2	Q 小区	2001 年	单位型	红色庭院、党员关爱老人服务、太阳角
3	S 小区	2000 年	商品房型	红色物业、网格化管理

① 吕铁林、徐红曼：《“单位人”再组织化：城市社区治理新模式——以东北老工业基地 S 单位型社区为例》，载《北华大学学报（社会科学版）》2018 年第 19 卷第 2 期。

续表

	小区名称	建成时间	类型	互助养老服务
4	W 小区	1996 年	商品房型	党员志愿者联盟的互助养老服务
5	A 小区	2000 年	商品房型	社区助老服务、居家养老志愿服务队、互助养老服务
6	H 小区	1980—1990 年	单位型	老年人档案登记、老年人活动比赛、社区关爱老年人服务、“三号院”
7	T 小区	2003 年	商品房型	巾帼助老志愿者服务队
8	F 小区	2010 年	单位型	候鸟养老服务、社会工作组织的互助养老服务
9	J 小区	2000 年	商品房型	社会工作组织的互助养老服务
10	N 小区	2005 年	单位型	老年人协会助老服务

这些小区具有不同的社区资源，政府、街道、社区居委会、社会组织等治理主体对社区养老的推进力度和支持力度存在差异，社区养老服务内容也存在差异。这是我们研究城市社区邻里互助养老组织化治理的前提。

第二节　城市社区邻里互助养老服务的实践情况与特征

为了缓解养老压力，我国很多城市制定和实施了各种养老服务政策和计划，出台了有关社区养老服务的方案，形成了以居家为基础、以社区为依托、以机构为补充的社区养老服务体系。由于绝大多数老年人不愿离家，选择在家中养老，居家养老成为主要选择，社区和机构为老年人提供解决日常生活需求问题的社会化服务。在这样的背景下，城市社区邻里互助养老成为一种重要的养老模式，并逐渐成为社区养老服务体系的一部分。

一、城市社区邻里互助养老服务的情况：哈尔滨市的实践

根据国家对养老问题的政策指引，各地区、各城市结合实际情况，不断探索养老服务方式。其中，邻里互助养老是探索的方式之一。哈尔滨市根据养老服务需求出台了有关社区养老的政策。在构建社区养老服务体系的过程中，各个利益相关主体加入进来，针对解决社区养老问题形成合作关系。

哈尔滨市社区邻里互助养老服务可分为酝酿期、发展期和整合期，呈现出阶段性特征。

（一）社区邻里互助养老服务的酝酿期（2008 年以前）

自 1997 年哈尔滨市进入老龄化社会以来，养老压力逐渐显现出来，政府及社会各界逐渐开始关注养老服务问题。政府针对养老服务进行了一系列布局，社区依据相关政策开展了有关社区居家养老服务的实践活动，试图探索解决养老问题的途径。社区邻里互助养老在这一过程中酝酿、形成。

哈尔滨市颁布了有关社区居家养老服务的政策，如《关于加快发展养老服务业的实施意见》（2006 年）等，引导社区开展养老服务。发展养老服务业是应对和解决人口老龄化问题的重要途径，我们应切实把发展养老服务业摆上重要日程，统筹规划，制定和落实相关政策，认真解决养老服务业发展中存在的问题，并逐步建立和完善以居家养老为基础、以社区服务为依托、以机构养老为补充的养老服务体系。根据养老服务的发展要求，哈尔滨市各个区开始设立一些居家养老试点，开始推行社区居家养老模式。

在政策的指引下，有些社区开始推行时间银行模式，营造社区助老氛围，利用社区资源提供互助机会和平台。

首先，开始探索时间银行模式。为了响应政府的号召，社区不断推进社区居家养老服务的开展，设置了多种多样的居家服务类别。其中，有些社区开展了时间银行养老服务活动，探索社区居家养老的应对之策。具有代表性的 Y 小区于 2001 年开展了时间银行服务，社区志愿者为老年人提供无偿服务，尤其是低龄老年人为高龄老年人提供帮助。有需求的老年人向社区提出申请，工作人员物色合适的志愿者。有需求的老年人与志愿者签订协议，社区以储蓄时间的形式为志愿者进行登记和记录，将劳动内容、时间长短存入时间银行。等将来需要时，提供服务的志愿者可以提取储蓄时间用以满足自身的需求。时间银行为社区高龄老年人和志愿者解决需求问题与实现自我价值提供了机会。这是这一时期社区邻里互助养老服务的一种重要探索。但由于 Y 小区的时间银行只受理劳动储蓄，服务范围比较狭窄，内容比较单一，当时只有社区退休党员参与，大部分居民对时间银行都感到很陌生。再加上后来社区的养老服务重点发生变化，当时负责管理此项目的人员发生了岗位变动，参与时间银行的居民逐渐减少，时间银行在 Y 小区就没有继续推行下去。虽然如此，时间银行的推行为社区居家养老服务积累了经验，为开展社区邻里互助养老服务奠定了基础。

其次，营造社区助老氛围，推进养老服务发展。哈尔滨市于 1997 年设立“助老活动日”，动员人们参加助老服务活动，从 2007 年开始将“助老活动日”延伸为“助老周”。[①]

① 呼涛、贾楠：《哈尔滨：以居家养老方式应对“未富先老”》，《中国社会报》2008 年 4 月 17 日。

在活动倡导期间，人们意识到养老问题的存在，对养老问题做出积极反应。这使得调动社会力量参与养老服务活动成为可能，为后续“敬老月”活动期间的助老氛围营造奠定了基础。社区互助养老服务的一个重要内容就是从互助价值出发引导居民进行互帮互助。

最后，整合社区资源，开展社区居家养老服务活动，为居民提供互助机会。哈尔滨市的单位型社区居多。单位型社区为部分老年人提供了多方面的养老服务，包括开展文体娱乐活动、发放离退休金、办理医疗保险、探望慰问等。这加深了老年人之间的熟悉程度，使得老年人在良好互动关系的基础上产生了互助行为。另外，利用福彩基金设置的“星光计划”的实施为老年人提供了更多的服务，也提供了互动、互助的机会。哈尔滨市建成了众多的“星光老年之家”。“星光老年之家”在为老年人提供活动场地的同时，发挥着健身、娱乐、紧急救助等多样化功能。社区也发挥“星光老年之家”作为社区老年人活动中心和服务中心的作用，为老年人进行互动和互助提供机会和平台。哈尔滨市民政局根据实际情况制定了“星光老年之家”管理规定，进一步规范管理组织、管理内容等，为“星光老年之家”持续发挥作用提供保障。

总之，这个阶段是哈尔滨市开始摸索建立社区居家养老服务体系的初期。在这一阶段，哈尔滨市探索出了一些新的方式来应对养老问题，社区邻里互助养老方式是其中之一。

但由于社区邻里互助养老蕴含在社区居家养老服务内容之中，没有单独成为一种被倡导的养老方式，并没有形成更大的影响力。社区邻里互助养老虽然没有被正式提出来，但是在社区实践中以一种潜在的方式存在着。尤其是在“单位制”消解之后，单位作为居民联系人和养老服务支持者的力量减弱，社区逐渐承担起养老服务的责任。居民之间的互动和交往成为潜在的支持力量，并被融入社区养老服务实践中，成为社区邻里互助养老发展的前提。

（二）社区邻里互助养老服务的发展期（2008—2012 年）

经过一系列的探索，哈尔滨市初步明确了社区居家养老服务的方向和内容，并结合城市的特征，制定了更为具体和有效的养老服务措施，构建更为完善的社区居家养老服务体系。社区邻里互助养老就蕴含其中，成为社区居家养老服务体系的重要组成部分。与酝酿期不同的是，邻里互助成为社区居家养老服务的基础部分，邻里互助存在于服务过程中。社区依托邻里互助开展养老服务活动。这显示出邻里互助的重要性，对社区居家养老服务体系的完善发挥了重要作用。

首先，社区居家养老服务政策强调邻里互助的实践内容。哈尔滨市政府和相关部门不断加强顶层设计，推动养老服务业发展。2008 年以来，哈尔滨市相继出台了《哈尔滨市人民政府关于加快推进居家养老服务工作的意见》《哈尔滨市加快推进养老服务业发展实施意见的实施细则》和《哈尔滨市养老机构等级服务管理办法（暂行）》等多个政策性文件，为推动养老服务业发展提供了政策保障。《关于开展居家养老服务工作的实施意见》提出：“积极探索养老服务新途径，着力打造全方位、多层次的社会保障网络，形成以家庭为核心、以社区为依托、以专业化服务组织为载体，通过政府购买服务等方式，为居家养老人员提供就近便捷的居家养老服务，让老人平安养老、健康养老、幸福养老，为构筑和谐社会提供有力支持。”社区通过政府购买服务的方式解决老年人在生活照料、医疗保健、法律维权、文化教育、体育健身、精神慰藉等方面的服务需求问题。一些社区以邻里结对、相互关爱等志愿服务的方式满足老年人精神慰藉方面的服务需求，并提倡党员干部、爱心居民和学生等志愿者建立服务队伍，为老年人提供服务。邻里结对互助成为满足老年人精神需求的一种主要方式。《哈尔滨市人民政府关于加快推进居家养老服务工作的意见》指出，居家养老服务工作尚处于起步阶段，难以满足广大老年人及其家庭日益增长的服务需求，各区要建立规范化管理、程序化运作、专业化服务的居家养老骨干队伍，在老年人健康咨询、康复护理、心理问题纾解、法律维权、家用电气使用、老年人理财、保险等多方面提供专业服务，形成以专业队伍为骨干，以志愿者、义工队伍为主体，以邻里互助、亲友相帮为补充的社区居家养老服务队伍。总之，对邻里互助的日益重视是这一阶段的重要特征。

其次，实现社区居家养老服务工作的规范化和标准化，建立社区居家养老服务站和社区养老服务改革试点，为邻里互助养老提供资源和条件。哈尔滨市建立居家养老服务站，开展社区居家养老服务，解决老年人在日常生活照料、医疗保健、文化教育、精神生活等方面的服务需求问题。从2008年起，哈尔滨市开展以家庭为核心、以社区为依托、以专业化服务组织为载体的居家养老服务工作。哈尔滨市还创建连锁式养老服务模式，加强养老机构规范化管理，提高服务水平。[①] 哈尔滨市还对一些社区进行了标准化无障碍改造，增设观光电梯，方便出行困难者，对社区前门、侧门、室内一楼及居家养老中心进行了坡路改造，设置室内低位扶手，方便社区老年人出行。哈尔滨市采用多种方式为老年人营造舒适的生活环境，同时大力扶持社会办养老机构，对非经营性老年公寓免税，同时确保“星光老年之家”正常运行。规范化和标准化的社区养老实践为邻里互助养老提供了适宜的条件和丰富的资源，加快推进了邻里互助养老的发展。

再次，利用“敬老月”活动，营造社区关怀氛围。2010年，全国老龄工作委员会决定，在重阳节前后开展以“关爱老人，构建和谐”为主题的“敬老月”活动。自此，全国各地陆续开展“敬老月”活动。哈尔滨市“敬老月”活动时间为9月至10月。每年“敬老月”活动的主题和内容基本上都是围绕老年人的需求和问题来确定的。在“敬老月”活动期

---

① 胡京春：《哈尔滨连锁养老机构发展迅速》，《人民政协报》2011年4月12日。

间，哈尔滨市鼓励老年人家庭、社区、养老机构、养老组织、学校、企业、社会组织等积极参与，开展各种志愿服务活动。其中包括开展健康宣传和公益讲座，为老年人提供便利的医疗服务。哈尔滨市充分发挥文化馆、图书馆、博物馆等现有的公益性群众文化单位在老年文化活动中的主导作用。“敬老”“助老”活动为社区关怀氛围的营造奠定了良好的基础。

最后，鼓励多元主体参与养老事业，提倡邻里互助。2011 年，《哈尔滨市老龄事业发展“十二五”规划（2011—2015 年）》提出，“在社区形成以专业队伍为骨干，志愿者、义工队伍为主体，邻里互助、亲友相帮为补充的社区居家养老服务队伍”。在这一规划的指引下，社会工作组织参与到社区居家养老服务活动中，居家养老服务机构在政府优惠政策的激励下开始发展起来，社区居家养老服务队伍逐渐建立和壮大起来。多元主体对邻里互助的作用予以肯定，倡导营造关爱氛围，动员社会力量对空巢老人、独居老人开展自愿结对关爱活动，给予老年人精神慰藉。

总之，这些举措明确了养老服务业的重要性，倡导邻里互助，并明确相应的价值导向，为邻里互助养老的进一步发展做好了铺垫。

（三）社区邻里互助养老服务的整合期（2013 年至今）

随着老龄化趋势的加快与社会养老压力的不断增加，各地都在不断探索新的养老方式。国家根据各地的互助养老实践，在顶层设计层面提出倡导互助养老方式，并在全国推行互助养老方式。在构建养老服务体系的过程中，哈尔滨市对社区氛围的营造和对互助养老的前期准备，为推行社区互助养老服务模式奠定了基础。在这样的背景下，哈尔滨市正式进入社区邻里互助养老服务的实践阶段。

首先，颁布相关政策，推进社区互助养老服务的发展。哈尔滨市重视社区养老问题，陆续颁布了相关政策，倡导社区互助养老模式。其中包括《哈尔滨市人民政府关于加快推进社会养老服务体系建设的意见》《哈尔滨市人民政府关于加快推进养老服务业发展的实施意见》《哈尔滨市人民政府办公厅关于全面放开养老服务市场提升养老服务质量的实施意见》《哈尔滨市民政事业“十四五”发展规划》《哈尔滨市人民政府办公厅关于全面推进养老服务发展的实施意见》等。这些意见、规划对社区互助养老的布局、互助内容、组织方式等进行了说明。在这些意见、规划的指引下，社区互助养老服务模式逐渐得到推行和完善。

《哈尔滨市人民政府关于加快推进社会养老服务体系建设的意见》指出，开辟社会养老服务新途径，积极探索老年互助养老模式，通过组建大批社区（村）内小型社团组织等形式，鼓励、支持老年人之间开展互助服务，强化宣传教育，提高社会各界对老龄问题的认识，强调老人在老年社会中的主体地位，推崇“自立、自助、互助”的积极养老文化。《哈尔滨市人民政府关于加快推进养老服务业发展的实施意见》

指出，到 2017 年，基本建成以居家为基础、社区为依托、机构为支撑的养老服务体系，支持社区或个人依托居民住宅组建养老互助点，支持健康老人与体弱老人结成助老服务对子，实现老年人就近、便利照料式养老服务，积极传播正能量，营造健康的社会为老服务氛围。《哈尔滨市人民政府关于制定和实施老年人照顾服务项目的实施意见》提出，营造敬老爱老助老社会氛围，在养老机构、居家社区养老服务建设中，积极组织 60 周岁以上的老年人开展互助服务，使更多的老年人“在养老中互动、在互动中养老”，支持老年人开展文体娱乐、精神慰藉、互帮互助等活动，开发针对不同年龄段、不同层次老年人群体的老年精神关爱项目。《哈尔滨市民政事业“十四五”发展规划》指出，养老服务能力显著提升，街道社区老年人照护中心具备日托、全托、助餐、上门服务、紧急援助、康养服务等功能，推动社区互助养老志愿服务相结合模式，构建中心城区“15 分钟养老服务圈”。《哈尔滨市居家社区养老服务工作指引》细化了“15 分钟养老服务圈”的服务布局、服务供给、服务场景等具体内容，指出“‘15 分钟养老服务圈’中的老年人，在家中可获得生活照护以及助餐、助浴、助洁、助医、助急、助行等服务，在家门口社区居家养老服务驿站可获得基本的生活照料和互助式养老服务，在老年人日间照护中心可获得更加专业、综合的养老服务支持”。

总之，政府重视养老问题，从政策层面明确了社区互助养老的基础性地位，制定了各种措施。这些政策为社区邻里互助养老实践指明了方向，明确了社区互助养老作为一种养老方式在社区养老服务体系中的作用，加深了社区居民尤其是老年人对邻里互助养老的认识，为社区邻里互助养老实践奠定了基础。

其次，社区在政策指引下开展互助养老服务实践活动。在政策的指引下，社区加强互助点的建设。哈尔滨市增加对社区居家养老的投入，对日间照护中心进行筹建和改造，积极建设老年互助点，并按照不同标准进行补助。2014 年，哈尔滨市各区设置了老年互助点的申请标准：以社区中老人家为互助点，年龄为 60 周岁以上，户籍在辖区，原则上老人家所在楼层为三层以下，房屋使用面积在 15 平方米以上，并且持续活动在半年以上，参加人数不少于 5 人，每周开展活动不少于 3 次。政府向互助点发放棋牌桌、图书等，并对申请成功的互助点发放补贴。在政府激励的背景下，有条件的居民积极主动地申请设置老年互助点。此外，大多数社区有养老服务驿站、老年照护中心等，并在养老服务驿站、老年照护中心增设了中央厨房、社区养老互助点等。社区养老互助点主要以文化娱乐活动为主，还设有家庭养老互助点。这促进了社区互助养老的发展。一些社区居家养老服务试点在社区养老服务计划中增加了互助服务项目，成立了老年互助协会，推进社区互助养老服务的开展。

另外，各社区按照哈尔滨市老年友好型社区建设要求选出具有代表性的示范性社区。示范性社区具有显著的特点，即“老有所助”，表现为“助学”“助游”“助医”“助乐”“助难”“助急”“助餐”等。例如，有的社区成立社区老年大学或学习小组，帮助老年人根据兴趣爱好开展学习；有的社区提供社区助餐，解决老年人的吃饭问题，社区助餐受到老年人的欢迎。老年友好型社区建设，为推进社区营造“爱老、为老、助老”氛围、推行社区邻里互助养老模式起到了积极作用。

最后，多元主体参与社区互助养老实践。哈尔滨市社区在逐渐探索社会化的居家养老服务时，引导社会组织、社区物业、企业等参与到养老服务供给中，满足老年人的需求，丰富邻里互助养老的内容，构建互助支持体系。2017 年，哈尔滨市民政部门引进专业养老服务社会组织和社工机构，为全市居家老人提供助餐、助浴、助医、助急、助洁等居家养老服务，并选取 42 个社区作为试点社区。有些社区形成了党建引领下的“社会工作组织+社区居委会+社区自组织+企业”的联动服务模式。2017 年，依托“互联网+养老服务”模式，哈尔滨市开通了“12349”公益服务热线，整合养老服务资源，将老年人的服务需求与社会服务供给连接起来，为老年人提供养老服务。很多企业和社会组织参与进来，将养老服务的供给方和老年人联系起来，促进公益服务热线的发展。

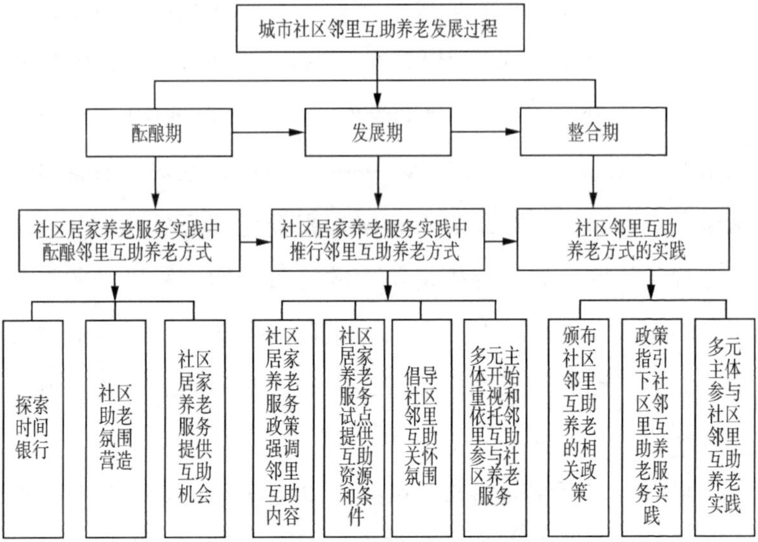

图 2-1　哈尔滨市社区邻里互助养老发展过程

总之，城市社区在完善养老服务体系时逐渐显露出邻里互助养老的特征。城市社区不断整合资源，形成邻里互助养老服务形式，出现了时间银行、互助结对子等典型模式，积累了开展邻里互助养老服务的相关经验。

二、城市社区邻里互助养老服务的实践特征与问题

哈尔滨市社区邻里互助养老所经历的酝酿期、发展期和整合期体现了社区邻里互助养老服务从无到有、从潜在到显露、从碎片化到整体性的变化，呈现出社区邻里互助养老的总体特征。与此同时，我国其他地区在推动社区邻里互助养

老发展的过程中也不断积累经验，各地区虽然在经济、文化等方面存在差异，但是在发展方向上呈现出共性的特征和问题。

首先，政府是城市社区邻里互助养老发展的主要推动力，但随着老龄化程度的加深，政府发挥的作用有待进一步加强。

对于社区养老问题的解决，政府是主要的推动力，通过制定和颁布各种养老政策，推动社区邻里互助养老的发展。为了应对养老压力，哈尔滨市政府及相关部门颁布了一系列政策，逐步构建居家养老、社区养老和机构养老相结合的养老体系。政府是城市社区邻里互助养老发展的主要推动力，发挥了重要作用。政府注重邻里互助养老的基础性作用，建设互助养老据点，发掘社区的互助资源，鼓励居民积极参与互助养老实践，为推动邻里互助养老发展提供资源支持。

政府的支持作用在其他地区的邻里互助养老发展中也有体现。上海市在推行互助养老服务时颁布了《上海市养老服务条例》等，为互助养老服务提供法律保障。江苏省颁布了《江苏省居家社区养老服务能力提升三年行动工作方案（2022—2024）》，对时间银行、社区互助等内容进行了明确规定。南京市针对时间银行颁布了《南京市养老服务时间银行实施方案（试行）》，强调政府主导，推进建立统一的养老服务时间银行。显然，当前城市社区邻里互助养老的大部分资源来源于政府，政府通过政策支持、资金支持、空间支持、项目购买等方式为社区互助养老提供资源。这直接吸引了一大批社区志愿者、社区组织、社会组织参与社区互助养老活动。这为丰富社区互助养老的服务内容奠定了基础，促进了社区互助养老的发展。

但同时我们也注意到，社区会按照行政指令、行政计划实施相关的互助方案，政府提供相应的资源，支持社区养老服务发展。比如，有些社区互助点的建设、“星光老年之家”的利用等均需要政府提供资源支持，而有的互助点的后续投入和“星光老年之家”的维护费用无法得到保障。这成为邻里互助养老持续发展的障碍。有的社区出现有政府支持就开展互助养老服务，没有政府支持就中断互助养老服务的情况。显然，政府的直接支持是非常重要的，但是以制度来激励社区提高自主性也是十分必要的。

其次，社区邻里互助养老是嵌入到社区养老服务实践中的，呈现出波动性特征，但持续性不足。

哈尔滨市社区邻里互助养老经历了酝酿期、发展期和整合期，表现出明显的阶段性特征。哈尔滨市社区邻里互助养老是在倡导居家养老服务的过程中出现并发展起来的。这与社区治理的行政化倾向有关，政府发挥主导作用，推动社区居家养老的发展，这就给社区养老问题的解决指明了方向。邻里互助养老是一种有效的方式，呈现出波动性特征。以时间银行为例，哈尔滨市的一些社区在推行时间银行模式一段时间后中断了，直到社会养老压力增加之后，时间银行又重新进入公众视野。其他城市在推行时间银行模式时也是如此。

例如，1998 年以来，太原、上海、北京、杭州等地陆续推行了时间银行模式，但由于受到社区主导、记录手段限制等因素的影响，持续性比较差，时间银行模式推行不久就中断了。2009 年，广州越秀区再次启动时间银行模式。2010 年，北京市民政局倡导推行时间银行模式，时间银行又重新进入社区养老实践中。由此可见，很多城市在推行时间银行模式时都出现了启动—中断—再启动的过程。这种波动性具有一定的共性。这是由于在推行时间银行模式时没有做好前期准备，缺乏持续性的规划和设计。目前，很多城市已经针对时间银行制订了长期且详细的发展计划，进一步推进社区邻里互助养老的发展。

再次，社区邻里互助养老的支持资源和条件不同，有些社区内部资源开发较为缓慢。

通过调查哈尔滨市社区邻里互助养老的实践过程可以发现，社区类型、社区内部资源存在差异，在开展服务时，社会基础具有明显的差异性。这为进一步推动社区邻里互助养老的发展埋下了不同的种子，影响了社区邻里互助养老资源支持的倾向性。有些社区的志愿者资源比较丰富，这些社区主要依赖志愿服务来推动养老服务的开展。有些社区的居民是比较熟悉的同一单位的人，社会关系资源丰富，这些社区主要依托社区内部的社会关系网来开展相关的活动。有些社区与外部资源具有比较紧密的联系，主要通过外部资源来开展养老服务。这带来的影响是社区内部互助资源开发得较为缓慢，社区缺乏有效的服务资源开发思路和理念，持续性不足。以上海市为例，有些社区对外部资源的依赖明显高于对社区内部资源的依赖，在推行时间银行模式、“老伙伴”计划互助养老模式、“为老服务志愿组织”互助养老模式的过程中，有些社区在运营组织、资金来源、志愿者参与等方面体现出对社区外部资源的依赖性。① 这种外部依赖性带来的是发展中的脆弱性。对社区内部互助资源进行发掘和整合才是解决此类问题的出路。

从总体上来说，社区邻里互助养老的发展与社区本身蕴含的资源、社区外部资源有着密切关系。但与社区外部资源相比较，社区内部资源的开发较为缓慢。总之，社区资源的供给机制还有待完善。一些社区的内部资源还没有被充分发掘出来。比如，情感和信息是邻里互助养老中非常重要的资源，与这两种资源相对应的可以是信息咨询、情感慰藉、陪聊等服务内容，但一些社区经常忽略这样的资源。

最后，社区越来越重视多元主体参与邻里互助养老实践，但有些社区多元主体参与不足，且需求不对应。

多元主体参与邻里互助养老实践逐渐成为重要内容。社区邻里互助养老倡导的是通过互帮互助解决养老问题。社区可以根据自身的实际情况，探索多种行之有效的互助方式，如设置互助养老点、组建互助养老组等。这需要强有力的社

① 朱丽娟、邱梦华：《城市互助养老模式及运行机制比较研究》，载《改革与战略》2019 年第 35 卷第 7 期。

会力量的支持。因此，在社区邻里互助养老实践中，社区鼓励多元主体参与，并且对养老、助老成绩突出的个人、家庭和组织进行表彰和奖励。

但有些社区也存在多元主体参与不足且需求不对应的情况。有些社区出现了资源重复的情况。另外，有些社会组织的服务供给相对有限，能够提供给社区的服务比较单一；有些社会组织不能完整地进行服务输出。这也造成社会组织供给资源有限。

总之，城市社区邻里互助养老实践具有共同性，也存在差异性。把握共同性与差异性，有利于我们了解不同社区的邻里互助养老的优势和困境，也有利于我们积累有关社区邻里互助养老的经验。

第三章
社区党建引领与邻里互助养老的制度化支持

根据《中共中央　国务院关于加强和完善城乡社区治理的意见》等文件的指示精神，我们应把加强基层党建工作、巩固党的执政基础作为社会治理和基层建设的主线，推动街道（乡镇）党（工）委把工作重心转移到基层党组织建设上，转移到做好公共服务、公共管理、公共安全工作上，转移到为经济社会发展提供良好的公共环境上，加强社区服务型党组织建设，着力提升服务能力和水平。以党建引领为核心的社区治理模式是适应中国国情、能够发挥社区优势的治理模式。① 在“打造共建共治共享社会治理格局”的目标指引下，现阶段城市社区治理强调多元主体合作共治，其中关键部分是以党的建设为引领。通过党建引领，社区能够更好地整合资源，引导多元主体共同参与邻里互助养老实践，强化基层党组织的作用，摆脱动员困境，提升治理能力，提高解决问题的能力。在基层党建引领下，社区引导党员发挥带头作用，与其他社区形成良好的互动关系，共同建设邻里互助养老组织，提供邻里互助的平台和机会，倡导邻里互助美德，进一步推动邻里互助养老的发展。

---

① 王海荣、闫辰：《党建引领城市社区治理创新：问题与发展》，载《中共福建省委党校学报》2018 年第 2 期。

第一节　党建引领下的社区邻里互助养老实践及其特征

一、党建引领下的社区邻里互助养老实践

在进入老龄化社会后，政府在构建社区养老服务体系的过程中发挥了重要作用。政府通过制定政策、推行服务、安排任务等加紧推进社区居家养老服务体系的构建。社区主要依托基层党建对养老服务进行开发、布局和推进。基层党建引领是最能打开局面的治理形式。很多社区正是由于基层党建引领，才推行邻里互助养老服务模式。在基层党建引领下，社区、物业、居民、社会组织等治理主体共同参与各种互助服务活动。

案例 3-1　Y 小区建成于 1997 年，是单位型小区，地处闹市区。公园、社区医院、三甲医院、大型超市都具备。小区中的老年人占比在 30%左右，多数老年人为企业退休职工。小区中空巢老人较多。据社区居委会主任介绍，2001 年在哈尔滨市政府的号召下，社区开始发展居家养老，推行时间银

行模式，组织社区志愿者为老年人提供无偿服务。在社区居委会的号召下，当时有 100 多名老年人参与其中，其中企业退休的老年党员占大多数。社区为老年人办理了时间银行的开户手续，老年人通过互相帮助、买菜做饭、洗澡理发等方式，存储志愿服务时间。老年人需要帮助时支取之前的时间存款，获得帮助。

案例 3-1 反映出在社区邻里互助养老推行初期社区基层党建引领的重要性。正是在基层党建的引领下，部分社区才开始推行邻里互助养老模式。其中，党员带头发挥了积极作用，党员是社区养老志愿活动的带领者和积极参与者。党员志愿者的带头参与有利于社区邻里互助养老顺利推行下去。在开展邻里互助养老服务初期，Y 小区推行时间银行模式，居民对这一模式感到陌生，观望者居多，而社区党员带头参与到活动中，这就确保了社区邻里互助养老志愿服务活动能够顺利开展，为后续服务的推进起到了基础性作用。当前，邻里互助养老服务是城市社区养老服务的一项重要内容，但它从开始推行到被社区居民熟知需要经历一个过程。Y 小区由社区党员带头参与时间银行互助养老活动，使其他居民逐渐熟悉邻里互助的多样化服务方式，为邻里互助养老的组织化治理奠定了基础。

案例 3-2　Q 小区是以红色庭院为主题建设的老旧小区之一，是所在行政区建设红色庭院的典型小区。由街道牵头，社区居委会、物业开展了一系列以红色庭院为主题的活动。

社区结合红色庭院主题对一些设施进行了重新布置。在党建引领下创建红色庭院是Q小区的主要特色。Q小区通过联合社区、物业、居民和相关组织，建立了“小区党支部-楼栋党小组-联户党员”的党组织体系，打造集党建、服务和社区治理于一体的红色小区服务圈。

在这样的背景下，社区通过选择和培养单元楼中的党员代表作为楼长来协调社区事务。大多数楼长在Q小区长期居住且与居民保持良好的关系，主要进行通知，并协调解决社区各类公共事务。楼长刘阿姨65岁，是社区选定的一个党员代表。她在连接居民与社区、街道的过程中起到了重要的作用。

Q小区是老年人占比比较高的小区，小区内有50%左右的老年人长期居住。楼长刘阿姨与老年人之间的共同话题和共同需求比较多，关系比较友好，老年人的很多需求都通过楼长刘阿姨进行传达。小区中一些高龄老年人对餐食有需求，想要建立社区饭堂，楼长刘阿姨反映给社区，社区又反映给街道。这正好与街道打算在社区推行社区长者饭堂的计划不谋而合。在社区长者饭堂组建过程中，楼长刘阿姨在街道、社区和居民之间不断传递着社区长者饭堂推进的消息。社区长者饭堂供餐的备选企业、社区长者饭堂的选址等消息都通过楼长刘阿姨向居民传达。

街道和社区把需要提醒老年人的相关事宜转发到社区楼长群，再由楼长刘阿姨转发至楼组群。例如，提醒有人伪装成工作人员入户，使老年人免于受骗；提醒在恶劣天气下关注邻居中独居老人、孤寡老人的情况；提醒社区医院体检事宜等。这些提醒使得小区中的老年人对社区增加了认同感。很多居民都表示社区很关注老年人，老年人也应该相互关照。

社区治理实践与党建紧密结合在一起，推动邻里互助养老发展。案例中的Q小区以红色庭院建设为契机，以党建引领为主轴，发挥党员的带头作用，鼓励社区、物业和居民等多元主体共同参与到社区养老活动中，为解决老年人的需求问题提供支持。在此过程中，社区倡导老年人之间互助互爱，并鼓励老年人把这种价值观践行到实际生活中，为增加老年人服务供给提供了价值支持和资源支持。其中，建立党员楼长制是应对和解决社区养老服务问题的重要方式。

“社区党委+社区居委会+业主委员会+物业”是Q小区的治理模式，这种治理模式在当前老年人居多、老年人需求较多的社区中有着显著的优势。以基层党组织为引领实现组织共建，对社区中各种养老组织的发展、服务内容的丰富、服务方式的多样化具有引导作用。这种作用体现为对老年人的吃、穿、住、行都有所关注，对老年人的日常生活需求问题进行解决。Q小区依托基层党组织和党员的带头作用，解决老年人表达出来的各种需求问题，使得老年人获得了幸福感，因而成为社区治理典范。从社区邻里互助养老组织化治理的角度来说，党建引领互助养老是社区养老的一个重要方式。我们不能忽略基层党组织的作用和功能，应注重党建的基础性作用。

案例3-3　S小区在区委和街道的协调下在社区网格化管

理中建立了基层党小组，并着力打造网格党建示范点，协助社区解决问题。在创建庭院（楼道）党建示范点时，S 小区凭借打造“睦邻楼道”“红色物业”等亮点，为小区居民解决了很多实际问题，开展类别多样的服务，如针对居民的需求进行资源“众筹”，开展精细化服务，发挥社区内部力量的作用来解决问题，提倡邻里之间互助友爱。在党小组的带领下，小区党员带头进行巡逻，对空巢老人、独居老人和孤寡老人进行帮扶。S 小区还开展了社区据点式邻里互助养老服务，发动社区老年志愿者服务队参与进来。老年志愿者服务队的成员以党员为主，是小区里有觉悟、有热情的退休党员。开展的服务内容主要包括陪同老年人看病、陪聊、帮助老年人下楼等。

社区网格化管理是当前社区治理主要的制度形式，而党建引领网格化管理是党建与社区邻里互助养老组织化治理相融合的一个重要体现。S 小区结合社区网格化管理的特点和要求，以党小组为依托，以党员带头为保障，结合老年人的需求和社区内部的人力资源，发挥党建引领的优势和作用，提倡邻里互助互爱，促进邻里互助养老服务的开展，解决社区的养老问题。社区邻里互助养老的组织化治理需要有居民对互助价值的认同和邻里之间的互动作为支撑。重塑邻里关系是推动社区邻里互助养老发展的一个重要方面。因此，社区邻里互助养老不是相关部门从上到下单一地进行服务供给，而要以邻里作为资源，它强调通过邻里为老年人提供情感性、信息性和工具性等方面的服务。而对于如何把这些内容嵌入到社区治理过程中，发挥社区邻里互助养老的作用，社区在实践过程中已经给出了答案。党建引领社区网格化管理把社区邻里互助养老所需要的价值、资源融入社区治理过程中，为社区邻里互助养老的发展奠定了基础。

案例 3-4　W 小区针对社区老年人比较多的特点，通过建立党员志愿者联盟来开展养老服务。党员志愿者联盟由党组织发起，由街道、社区、居民、派出所、辖区单位中的党员组成，整合各类资源，联系社区中的在职党员，结合党员自身的人力资源优势，开展丰富的邻里互助活动，包括为老年人进行义诊、进行法律咨询、帮助社区老年人建立社区组织、建设“15 分钟养老服务圈”、营造温馨的生活氛围等，使社区内外部资源得到共享，建立互联互通纽带，解决老年人的需求问题。

从案例中可以看出，城市社区邻里互助养老更多地依托组织化的志愿服务获得持续性发展。各主体参与社区治理的一个重要体现是通过志愿服务解决社区问题，获得推进社区发展的能力。但同时，社区也存在着把各主体的志愿服务统筹起来这一核心问题。社区党组织作为发起人，扮演着核心的角色。社区形成“一核多元”的治理格局。在社区邻里互助养老组织化治理过程中，各个主体应将志愿服务力量整合起来，形成合力。

从 W 小区可以看出，党员志愿者联盟是党建的重要内容，是开展社区邻里互助养老服务的前提和基础。具有积极性和代表性的党员为社区邻里互助养老的发展提供了重要支持。党员志愿者服务是社区养老服务开展的有力保障，对丰富社区邻里互助养老服务内容和构建社区邻里互助养老体系起到了关键作用。

二、党建引领下社区邻里互助养老实践的特征

从以上案例可以看到，哈尔滨市贯彻《中共中央 国务院关于加强和完善城乡社区治理的意见》的指示精神，加强党对社区治理工作的领导，推进社区基层党组织建设，切实发挥基层党组织的领导作用。这体现在社区邻里互助养老实践中。社区在党的领导下，由党员带头，由社区居委会、物业、社区组织、居民、辖区单位、社会组织进行支持与配合，处理社区公共事务，解决社区公共问题。具体来说，党建引领下的社区邻里互助养老实践具有以下三个特征。

（一）党建引领与多元联动：社区邻里互助养老实践的制度格局

有研究者认为，当前社区将党建融入社区治理的过程，凸显了党建的功能，是有效实现基层再组织化的重要保障，而党建引领社区治理主要通过两种机制——催化合作与优化协作得以实现，这为我们进一步认识党建引领社区邻里互助养老的作用和方式提供了借鉴。[①] 在上述案例中，Y 小区的党员带头参与时间银行互助养老活动，Q 小区建设红色庭院，S

① 王德福：《催化合作与优化协作：党建引领社区治理现代化的实现机制》，载《云南行政学院学报》2019 年第 3 期。

小区成立网格党小组，W 小区建立党员志愿者联盟。这体现出党建引领居民、社区、社会组织、物业等多元主体参与邻里互助养老实践，也体现出在推进邻里互助养老发展中党建引领的优势。在党建引领下，社区优化多元主体的协作形式。这样就形成了党建引领多元主体联动的制度格局。这主要表现在以下两个方面。

第一，促使多元主体参与社区治理实践，发掘社区邻里互助养老资源，促使多元主体进行合作。

自“单位制”消解以来，城市社区的居民表现出“去组织化”的特征，社区解决问题的难度增加。这就需要社区把松散的、“去组织化”的居民组织起来，鼓励居民参与社区公共事务治理。基层党组织具有联系群众的组织优势。党建引领社区治理，也就是把联系群众的组织优势发挥到社区问题的解决过程中。这样，社区才能处理好公共事务，打造合作共治的局面。

另外，社区居委会、物业、社会组织等社区治理主体都具有自身的优势，能够参与社区治理，但以往由于受限于社区的“去组织化”，无法把自身的组织优势转化成解决社区问题的支持优势。而基层党组织将群众与其他主体联系起来，促使居民、社区居委会、物业、社会组织进行合作，发掘优势资源，为解决社区问题提供支持。在社区邻里互助养老实践中，基层党组织发掘社区治理主体在邻里互助方面的资源，进而推进社区邻里互助养老服务的开展。在上述案例中，“去组织化”的社区居民经由党组织的引领，以加入志愿者联盟、建立社区自组织等方式，重新进入组织，为社区养老问题的解决提供支持。党建引领社区治理主体推行时间银行模式、据点活动式养老模式、结对养老模式等，吸引和支持物业、社会组织、辖区单位等多元主体参与其中，完成政府布置的、社区需要的、社会组织设计的各种养老服务任务。

第二，协调多元主体参与社区邻里互助养老实践，整合多元主体的优势资源，加强多元主体之间的协作。

社区治理主体包括居民与其他主体，各自的资源优势并不相同。居民是参与互助的主体，直接为社区邻里互助养老实践提供服务供给。其他主体则更多地提供资源支持，如策划宣传、提供场地、投入资金等。在社区邻里互助养老服务体系的构建中，居民和其他主体承担不同的任务，发挥不同的作用。社区需要有能够协调各主体之间关系的力量，从而整合相关服务。基层党组织具有联系群众和激活党员代表等组织优势。这使得基层党组织的引领成为协调居民与其他主体之间关系的必然选择。基层党组织可以通过发挥自身的优势，鼓励居民广泛参与活动，引领其他主体提供资源，使居民与其他主体的协作发挥更大的作用。在上述案例中，基层党组织引领各主体“各司其职”，整合社区资源，实现充分利用与共享社区内外部资源的目标。

总之，在社区邻里互助养老体系的构建过程中，基层党组织是协调社区各主体之间关系的关键性选择。只有依托基层党组织的引领，社区才能整合好各种资源，形成治理合力。社区将基层党建与邻里互助养老服务的开展结合起来，促使多元主体共同参与到养老服务过程中，形成党建引领与多元联动的制度格局。

（二）党建引领网格：社区邻里互助养老的制度实践

网格化管理是当前城市社区治理普遍采用的一种方式。网格化管理是指把社区划分成若干个网格，设置网格员和网格长，对社区的各种公共事务进行信息化处理。快速有效地解决网格内的问题是这种方式的优势，网格化管理契合了转型期城市社区的治理需求，是当前社区精细化治理的重要体现。① 但由于网格化管理在回应社区基本诉求时存在科层化设置与社区自治力量之间的拉伸关系所导致的内卷化困境，我们需要寻求能够契合社区治理目标的路径，党建是具有较强操作性的选择。② 从案例中可以看出，社区在网格化管理中嵌入了党建，社区基层党组织成为实质的治理单元。社区在细化网格的基础上采取党建引领网格、党员带头参与等治理策略，依靠党员的带头作用，激活社区内部的各种资源，使内含于社区的有形资源（物质、空间等）和无形资源（道德、社会关系、技术等）被发掘出来，从而解决居民的各种需求问题。

我们在调查中发现，很多社区采用党建引领网格的策略。党建引领网格成为当前社区治理的有效形式，社区可以通过整合党建资源，发挥党员的带头作用，引领居民共同处理公共事务。党建引领网格也是实现网格治理有效化的重要途径。

① 张恺：《共建共治共享社会治理视角下城市基层党建网格化问题研究》，载《山东行政学院学报》2019 年第 3 期。

② 沈迁：《党建嵌入社区网格化治理：实践形态、运行机制与内在逻辑》，载《中共福建省委党校（福建行政学院）学报》2022 年第 1 期。

在这样的背景下，社区邻里互助养老就有了支持动力。

此外，有些社区的养老服务供给在整体上呈现出“低效能”和“碎片化”的状态，这主要表现为原有网格中多元主体的协调不足、社区内部资源发掘不足。要想改变这种状态，社区需要重视基层党组织的引领作用。社区基层党组织灵活选择与邻里互助养老相匹配的行动策略，在组织社区居民、调动社区其他主体方面做出适应性调整，推进依托社区居民、物业、社会组织等的关系网络的构建，构建适于解决社区养老问题的服务框架。这改变了以往解决社区养老问题只能依靠市场、没有依靠社区居民的局面，为社区互助氛围的营造与社区邻里互助养老的发展奠定了良好的基础。社区互助养老内容的丰富，也得益于基层党组织的积极推动。

（三）党员带头方式：社区邻里互助养老主体之间的联系

社区治理需要机制的精细化，这有助于为社区提供各种实际的服务。[①] 社区基层党建是能够推动社区发展的核心动力，党员带头参与社区治理是重要机制之一。社区党员具有熟悉社区、容易联系居民等优势，在参与社区治理的过程中能够将优势转化为治理动力。正因如此，党员带头方式是社区治理精细化的一种表征。我们在调查中发现，在哈尔滨市很多社区中，很多楼长都是退休的党员，有着较高的积极性和觉悟，在社区邻里互助养老服务体系的构建过程中，发挥

① 曹海军：《党建引领下的社区治理和服务创新》，载《政治学研究》2018年第1期。

了重要的促进作用和支持作用。例如，Y 小区早期的时间银行模式之所以能够推行，正是因为社区中的党员带头参与，如果没有党员的积极参与，时间银行模式就有可能无法推行。Q 小区党员楼长的日常工作体现了社区治理主体的互动性。从总体上看，党员楼长的工作安排是以党建引领下的社区养老服务安排为主的。通过党员楼长对整个楼栋的服务提示，以及对各种养老服务事务的解释，有关老年人服务的相关计划得以推行和实现，社区老年人了解了政策与服务，对养老服务有了一定的认识，并积极主动地参与其中，对社区邻里互助养老服务增加了认同感。党员楼长也为社区居民做出了榜样，带动其他居民和相关主体参与到邻里互助养老实践中。

基层党员充分发挥带头作用，为社区其他利益相关主体做好示范，引导各主体共同参与养老互助实践。这有利于社区形成多元联动的格局。这也体现了基层党组织始终密切联系群众。在社区邻里互助养老实践中，发挥带头作用的党员作为政府、社区与居民之间的联系人，了解老年人的真实需求，并把这些真实需求反映给社区。这为社区了解和解决老年人的具体问题提供了一条可选择的途径，增强了社区邻里互助养老服务供给的有效性和持续性。

总之，党员带头方式既体现了党和政府密切联系群众，又有利于社区居民表达自己的真实需求。这是党建引领社区治理中各个主体所形成的互动结构的一种体现。

第二节　社区邻里互助养老实践中党建引领存在的不足

党建引领是社区组织化治理的一个重要维度，党建引领下的社区邻里互助养老被纳入社区整体治理计划中，但也存在着一些不足。

一、相关主体参与邻里互助养老实践的积极性和创新性不足

党建引领是当前社区主要的治理方式，是指以党组织为核心，运用各种政策、手段，依靠党组织和成员的力量，推进社区问题的解决。社区基层党组织把党建融入社区治理中，发挥党建在邻里互助养老中的作用。但是对多元主体参与邻里互助养老实践的引导作用有待加强。一些基层党组织更多地按照上级的计划、安排完成任务，进行按部就班式的引导。这导致社区、居民、社会组织参与邻里互助养老实践的主动性不足，居民多样化的需求难以得到满足。

一些社区的多元主体发掘资源的能力有待提高。有的社区的基层党组织以邻里互助养老价值引导各主体的力度不足。

有的社区的基层党组织没有对社区内部资源和外部资源进行积极的发掘，没有深入探知各主体在社区邻里互助养老实践中的积极性和创新性。这就使得基层党组织与其他主体之间出现契合困境，影响了多元主体共治格局的形成。

二、整合社区互助资源的能力有限

在安排和落实社区邻里互助养老服务发展计划时，在社区层面，部分基层党组织存在一定程度的实践乏力的问题。这反映出一些基层党组织整合社区互助资源的能力有限，表现在两个方面。第一，部分基层党组织整合资源的基础不足。社区需要解决的问题较多，以党员为代表开展的服务是相对有限的，只能满足社区治理的部分需求。同时，社区如果新增邻里互助养老服务，就需要增加原来的网格党员小组中党员的服务内容，但受到党员自身时间和精力的限制，互助服务的深入推进较难保证。第二，部分基层党组织整合资源的能力不足。部分基层党组织在资源利用流程、利用程度、链接沟通等方面存在一些障碍，无法完成资源的整合。总之，部分基层党组织未能将社区党建资源与社区治理资源进行有效整合，党建整合社区资源的力度有待加强。①

总之，社区基层党建越来越注重整合社区资源，提升服务能力，并以此为基础推动社区邻里互助养老发展。

---

① 杨妍、王江伟：《基层党建引领城市社区治理：现实困境 实践创新与可行路径》，载《理论视野》2019 年第 4 期。

三、党员发挥带头作用的同时出现社区居民“搭便车”情况

党建引领的主要目的是促进社区居民广泛参与，从而推动邻里互助养老发展。采用党员带头方式可以促使社区的“积极分子”主动参与进来，进而促使社区其他居民积极参与，最终实现社区居民广泛参与的目的。党员带头在社区邻里互助养老服务中的优势是非常明显的，为社区提供了激活内在动力的途径。

通过党员带头，有些社区的邻里互助养老服务体系逐渐发展和完善起来。但同时我们也注意到，在党员带头参与的同时，有些社区出现了居民“搭便车”的情况。一些居民认为有党员参与就够了，不需要自己再参与。一些居民认为邻里互助养老服务与自己无关。

出现这种情况的主要原因有两个。一是有些服务活动的主题和内容与居民日常生活联系得不够紧密，有些邻里互助养老活动设计得比较单一，服务对象比较单一，甚至有些社区的居民对什么时候开展活动都不清楚，认为活动与自己无关，也较少参与。以时间银行的推行为例，基层党组织可以结合组织优势，在发挥党员带头作用的同时，突破对象限制，使得服务对象涵盖全年龄的社区居民，并将服务内容向全社区开放，从而获得全方位的支持，扩大服务活动的覆盖面。二是有些基层党组织在社区服务活动中对互助价值的引导不够。当前，城市社区中的价值多元化倾向显著，这对社区集

体行动有着显著影响。只有对参与社区治理的主体进行价值引导，才能真正促使主体参与邻里互助养老实践。社区邻里互助养老作为一种应对城市老龄化问题的养老方式，理应嵌入社区养老服务中。但遗憾的是，虽然基层党组织倡导互助友爱、和睦关怀等价值观，但是有些社区忽视了培育更为具体而显著的邻里互助价值。社区需要在生活空间、交往空间和活动空间中传播具体的邻里互助价值，使各个主体都经由认识价值、体验价值、内化价值的阶段性变化，成为邻里互助养老真正的支持者。

四、党员楼长与居民之间的联系受到个体性的影响

党员楼长是党建引领社区治理的重要主体。楼长既是党员，又是社区居民，其具有的双重身份对于邻里之间建立紧密的联系发挥着重要作用。有研究者指出，作为“积极分子”的楼长具有动员社区居民的作用，其中信息传递是最重要的作用。在 Q 小区，党员楼长与居民交往密切，了解和关心老年人，为居民传递各个方面的重要信息，有着较高的动员能力。这正是党建引领下党员发挥带头作用的重要体现。党员楼长是居民之间联系的桥梁，是增加社区社会资本的连接点，是推动社区邻里互助养老发展的关键点。但我们从调查中了解到，一些居民楼的党员楼长亲和力不足，与居民交往较少，不了解居民的具体情况，虽然能够在社区常规性的为老服务中起到中间人的作用，但是在邻里互助养老的号召力上存在着不足。这使得倡导邻里互助价值和推进邻里互助养老发展

的效果大打折扣。

虽然党员楼长制是党建引领社区治理的基本方式，是城市社区普遍采用的治理方式，在动员社区居民和发掘社区资源等方面发挥着重要作用，但是在推进社区邻里互助养老发展方面，具有较高的亲和力和号召力的党员楼长较少，这影响了社区邻里互助养老实践的效果。具有较高的亲和力和号召力的楼长较为容易动员社区居民。因此，党员楼长与居民之间的联系受到个体性的影响。社区需要以更贴近日常生活的服务安排来拉近楼长与居民之间的关系，提高楼长的亲和力和号召力，推动邻里互助养老发展。

总之，党建引领是社区邻里互助养老发展的基础，为邻里互助养老服务提供制度化支持，在社区互助资源的发掘与整合方面发挥着重要作用。在党建引领下，社区营造互助氛围，开展互助活动，组建社会组织和志愿者队伍，并在此基础上，以社区党组织为发起人，联合社区、社区组织、社会组织、居民、辖区单位等相关主体，推进邻里互助养老的发展。

第四章

社区互助氛围营造与邻里互助价值培育

在社区邻里互助养老发展过程中，社区互助氛围的营造是重要的推进动力。营造社区互助氛围是当前城市友好型社区构建的主要目标之一。友好型社区倡导的是关注老年人在居住环境、日常出行、健康服务、养老服务、精神文化生活等方面的需求，提升社区服务能力和水平。对于这些需求的满足，社区需要进行价值培育和价值引导。这是社区邻里互助养老的基础。价值在促进社区主体参与、提供资源支持等方面发挥着重要的作用。互助作为中国传统社会应对养老问题的价值和策略，经由宗族互助、邻里互助等形式，体现出“老吾老以及人之老”的价值内涵。[①] 对互助价值的认同和选择，进一步促进了互助养老的发展。因此，互助价值的培育应当是社区邻里互助养老组织化治理过程中必不可少的环节。在社区治理过程中，互助价值是推动社区邻里互助养老发展的指明灯，能够指引社区朝着有利于互助的方向发展，能够引领社区居民形成互助的思想和理念。由此，参与邻里互助养老活动应该是居民基于共享互助价值的主动选择。

社区互助氛围体现了居民对社区环境的主观感受，是衡量互助水平的一个维度，蕴含着对互助价值的理解和认识。营造社区互助氛围的过程也是贯彻和体现互助价值的过程。社区应营造关爱老年人的氛围。社区邻里互助养老要求社区营造支持居民互帮互助的氛围。我们在调查中通过社区标语、社区养老活动来考察社区氛围，衡量社区对互助价值培育的支持程度。

---

① 高和荣、张爱敏：《中国传统民间互助养老形式及其时代价值——基于闽南地区的调查》，载《山东社会科学》2014 年第 4 期。

第一节　标语负载的互助氛围营造：标语动员与互助价值培育

面对人口老龄化的趋势，我们应采用多种养老方式来应对养老压力，动员社会各界力量参与其中。社区邻里互助养老需要进行广泛的社会动员。社会动员是指为了实现特定的目标、为了唤起个体或群体的能量而进行号召、宣传、发起、组织等活动。作为社区邻里互助养老组织化治理的重要方式，社会动员的功能主要体现为对社区内外部资源进行有效调动与配置，协调多元主体开发资源，促使邻里成为社区互助养老的主要力量，推进社区邻里互助养老发展。

标语动员是社会动员的一种类型，它以语言为媒介，发布和传播信息，对参与者施加影响，引导社会成员参加社会活动，从而达到预期的目标。在社会动员中，标语口号有着明显的目标导向功能、社会教化功能、动员激励功能。① 从社区日常生活角度来看，居民接触最多的是社区标语，社区标语对居民具有潜在的影响。居民可能会经历从“看到了”、

① 韩承鹏：《标语口号的功能研究》，载《思想理论教育》2008 年第 15 期。

“想到了”到“做到了”的过程，受到潜移默化的影响。这是本书选择社区标语的一个重要原因。标语动员是实现邻里互助养老价值培育目标的一种常态化的形式。

一、社区标语宣传导向与互助价值培育的特点

当前，城市社区常常采用张贴标语的形式进行动员，推进社区建设。各个小区基本上都有自己的标语设计，并结合自身的环境和空间特征对标语进行悬挂。社区标语具有丰富的内容。

表 4-1 城市社区标语的主题和内容

标语主题	标语主要内容
社会主义核心价值观	富强、民主、文明、和谐，自由、平等、公正、法治，爱国、敬业、诚信、友善；树立诚信理念，践行诚信规范
党的精神	不忘初心、牢记使命；学习党的二十大精神，撸起袖子加油干
节假日	清明节文明祭扫；中秋佳节团圆；欢度春节
和谐社区	和谐文明；和谐社区，你我共建；关爱老人，互帮互助；和谐共处，爱护环境；邻里守望，共创和谐；邻里融洽，共建和谐社区
文明社区	社区更美、生活更好，争做文明社区；文明养宠；做好垃圾分类；配合垃圾分类，争做文明市民

续表

标语主题	标语主要内容
法治宣传	传播法律知识，培养法治观念，弘扬法治精神
安全防火防盗	注意防火，注意防盗
防诈骗	警惕诈骗，下载反诈 APP

注：根据调查小区中的标语整理而成。

在推动社区邻里互助养老发展的过程中，居民的参与是重要的影响因素。以往的研究明确了价值动员的功能和重要意义。我们在调查中发现，社区的标语和宣传栏的内容多种多样，并以“润物细无声”的方式对居民进行价值浸润，此外，标语动员存在着相似的价值导向和特点。

（一）社会主义核心价值观的宣传是主要内容

不论新建小区还是老旧小区，基本上都有社会主义核心价值观的宣传标语。社会主义核心价值观是当前城市社区标语动员和价值宣传的主要内容。这些标语悬挂或安置在社区的主要场所或比较显眼的位置。社区居民在日常活动或交往时都能够发现这些标语。标语影响着居民对社会交往、为人处世、工作学习的态度。居民对社会主义核心价值观的认识和理解较为深刻。社区采用图文并茂的形式对社会主义核心价值观进行宣传，这对互助价值的培育具有重要作用。

作为城市社区中主要的价值培育内容，社会主义核心价值观为社区居民提供了价值原则。对社会主义核心价值观进行宣传是社区在当前社会环境中合法性、合理性的选择。

（二）有关党的宣传标语较为常见

有关党的宣传标语是根据政治、经济和社会发展的特点和需求，围绕着政治、经济和社会发展的中心任务而提出来的。

社区是居民的日常生活空间，是进行标语宣传的重要场所，能够直接影响价值的培育。有关党的宣传标语是社区标语的重要组成部分，在社区中随处可见。我们在调查中发现，哈尔滨市有很多社区注重宣传主题价值，标语遍布社区的宣传栏、围墙和楼体墙面，突出且醒目。居民在进出社区时很容易发现这些标语，能够对社区氛围产生直观感受。

（三）节日性主题标语的存续具有时效性

在重要的节假日，如春节、端午节、中秋节和国庆节，大多数社区都会提前几天在宣传栏和围墙等处悬挂相应的标语，与居民一起欢庆，烘托节日氛围。部分社区会在与老年人相关的重阳节来临之时，悬挂相应的标语。这与街道、社区、物业都有直接的关系，它们是主要推动者。不同的社区在节日性主题标语的设置上存在差异。但节日性主题标语的存续具有时效性。

资源动员理论认为，广义的资源包括物质性资源和非物质性资源，一切有利于社会集体行动目标实现的资源都可以成为可利用的资源。传统文化倡导家庭和睦、邻里互助。对传统文化中的相关价值进行宣传，成为社区标语动员的重要方式。在一些与家庭、邻里、老年人相关的节日中，社区会挖掘能够促使居民参与邻里互助养老活动的价值进行宣传。

（四）新时代文明建设标语多样，涉及社区互助价值

在当前推行新时代文明社区的背景下，很多社区针对和谐社区、文明社区、文明居民等进行标语设计，引导居民培养互助价值。“关爱老人”“互帮互助”“邻里守望”“邻里融洽”等标语显示出社区邻里互助的内容，显示出互助价值的重要性，体现了社区试图从邻里互助的角度解决问题的治理思路。邻里互助价值是隐含在新时代文明社区的总体价值中的。

值得注意的是，一些社区在积极老龄化背景下开始建设友好型社区，并对环境和硬件进行设计和改造，凸显人文关怀，同时设计了与关怀老年人相关的标语，开展标语动员活动，推动邻里之间的互动。这为社区邻里互助养老的发展提供了土壤。从总体上看，当前社区标语的价值宣传具有相似的特征，体现出动员方式和内容的趋同性。

二、社区标语动员与互助价值培育存在的问题

在标语动员过程中，有些社区没有重视社区标语的动员功能，对互助价值的关注力度不够。对互助价值培育的缺失限制了邻里互助养老的发展。社区在标语动员与互助价值培育方面存在以下三个方面的问题。

（一）社区主要以宏观层面的价值培育为导向，日常生活性的互助价值宣传较少

标语能够潜移默化地使居民加深对社区所培育价值的理解和认同。但社区如果脱离居民的日常生活，缺少日常生活性价值的宣传，则会出现不能有效指引居民开展集体行动的情况。一些社区在标语动员过程中更多地注重宏观层面的价值培育，而缺乏微观层面的价值培育。这使得社区在日常生活层面的价值动员所发挥的作用受到一定程度的限制。党和国家根据一定阶段的政治、经济和社会发展情况高度概括了宏观层面的价值观。社区以标语的方式引导居民依据宏观层面的价值观进行行动，这是符合社会发展需要的。但是社区居民尤其是一些老年人对此类价值观认知不足或理解不够，无法对标语所传达的理念和价值产生共识。社区还应设计更贴近日常生活的标语进行价值引导，尤其是在推动邻里互助养老发展方面，应该进行贴近日常生活、与居民切身利益相关的价值引导。

国家在政策层面积极倡导和推行互助养老，但是互助还没有成为社区居民普遍具有的价值观。有些社区在社区活动中对互助缺乏足够的重视。有些社区互助养老实践的价值基础相对缺失。缺乏价值观的集体行动往往会出现一系列的问题。一些社区缺乏推进互助养老发展的内源性动力，这导致居民参与的积极性不高、支持力度不够。因此，为推动邻里互助养老的持续发展，社区需要重视互助价值，并进行互助价值培育。

社区需要从日常生活入手，转变传统的治理思路，结合组织化策略，在邻里互助养老的准备阶段进行价值培育，促使老年人的价值观由自助价值观转变为互助价值观。也就是说，老年人要转变完全依赖子女的现状，依靠社区互助力量，依靠社区老伙伴之间的互助支持，以积极的态度和行为推进社区邻里互助养老的发展。

（二）社区在节假日主要进行“应景式”的价值宣传，缺少互助性的价值动员

有些社区在节假日设计相关的标语，主要进行“应景式”的价值宣传，显示节假日的内涵，但是对节假日外延的扩展相对较少。对于与老年人相关的重阳节、中秋节等重要节日，社区所进行的价值宣传更多地围绕尊老敬老、阖家团圆等。但是有些社区没有扩展出符合邻里互助养老的价值宣传。

（三）反映社区互助价值的标语相对较少

互助价值是能够推动社区邻里互助养老发展的基础。互助价值动员能够使居民认识到互助养老的重要性、产生合理的价值动机，促使居民广泛参与互助养老活动。当认为互助养老是一件有意义的事情、是一件值得做的事情时，居民才会积极参与。如果对互助养老缺乏认同，没有形成互助价值观，居民就会缺少参与动机与积极主动性，就不会对互助养老进行持续支持。

总之，社区的互助价值培育是推动社区邻里互助养老持

续发展的前提和准备，是营造社区氛围的重要方面。但有些社区在重视程度、培育内容等方面呈现出相对不足的状况，需要加深对标语动员的意义和作用的理解，推进互助价值的培育，营造邻里互助氛围。

第二节　活动负载的互助氛围营造：养老服务活动与互助价值培育

当前，养老服务是城市社区中常见的服务，一般依托政府、社区居委会和社会工作机构等主体，以项目和活动的方式来开展。很多社区都开展了养老服务活动。有些社区构建了比较完善的服务体系，为老年人设置老年照护中心、居家养老服务站等，还在社区教育、社区康复、日常生活等方面提供多种服务。其中包括以助老为主题的养老服务。社区倡导老年人之间、邻里之间相互帮助，营造互助氛围。

一、社区养老服务活动的基本情况与特点

社区养老服务活动倡导关怀老年人，活动内容承载了互助价值和理念。社区养老服务活动可以让我们了解日常生活中邻里互助养老的发展情况。

案例 4-1　A 小区是一个高档商品房小区，内部基础设施齐全，健身器材多样。休闲广场有充足的空间，有三个凉亭和较多的休闲座椅等。A 小区有老年人活动中心，老年人在

冬天经常进入活动中心，在夏天经常在外面休闲区驻足。A小区在城市示范性友好型社区建设中通过服务活动关心和关怀老年人。

根据社区老年人的特点，A小区专门设立了老年心理咨询室，对前来咨询的老年人进行“一周跟访”，及时对老年人进行个性化心理疏导。有几位经过心理疏导的老年人还自发成为社区志愿者骨干，以老助老。

A小区还成立了老年大学，学校特设适合老年人的声乐、舞蹈、器乐、生活保健、书法等方面的课程，使社区老年人丰富日常生活、实现老有所乐。

在社区居委会的倡导下，社区还开展了一系列为老服务活动，其中涉及互助养老服务活动。比如，社区借鉴其他城市的经验开展助老活动，老年人可以使用带有救援标识颜色的彩带，当需要帮助时可以把彩带挂到窗户上，人们看见彩带后就会施以援手。后来，社区组织了有关互助互爱的各种活动，进行主题宣传。比如，社区组织居民在节假日帮助独居老人包饺子，帮助有需要的老年人代缴代买等。这些举动引起了居民的广泛讨论。居民纷纷给出了有关社区互助氛围营造的建议，并将建议发布在社区微信群里。

从上述案例可以看出，社区采用的助老方式是比较灵活和多样的。社区既有服务设施的“硬件”支持，又有以老助老志愿服务活动的“软件”支撑，营造了敬老、爱老、助老的生活氛围，成为友好型社区的典范。首先，社区对老年人开放的服务空间比较充足，足够满足老年人的互动需求，有利于增加邻里之间的互动。其次，社区提供给老年人的专门服务符合老年人的健康和娱乐需求，老年心理咨询室、老年大学满足了老年人的精神需求和娱乐需求。同时，社区为愿意提供志愿服务的老年人提供平台，丰富老年人的服务活动内容。最后，社区服务活动的设计和安排能够引起居民的讨论，使居民关注邻里互助问题，增加社区社会资本，为营造社区互助氛围提供了可能。

A 小区结合自身的特征与其他城市的助老经验，对服务活动进行了设计与组织。开展的社区邻里互助活动得到了社区居民尤其是老年人的关注，并引起社区老年人对互助养老的讨论，促进了社区互助氛围的营造。

案例 4-2　H 小区的养老服务活动主要体现为关爱社区老年人。社区对老年人进行档案登记，尤其是对高龄老人的家庭、健康等基本情况进行记录。社区工作人员每月会给高龄老人打电话或上门走访，在节假日会给高龄老人送慰问品。老人的子女对此表示感谢。在需要回访或因其他活动需要介入时，老人的子女也比较配合。另外，社区会发起关爱老年人的活动，也会在平时举办老年人喜欢的歌唱活动、娱乐晚会、乒乓球比赛等。活动多种多样。这能够活跃社区氛围。社区工作人员表示，每次能够参与各种活动的人都是老面孔，大家比较熟悉，开展工作比较顺利。但是社区工作人员也很苦恼，每次参加的老年人都是固定的几个人，一旦这些“积极分子”有事不能来，就会直接影响志愿活动或其他娱乐活动的开展。

上述案例显示出社区日常性的养老服务活动比较多，能够满足社区老年人的需求。社区所开展的活动蕴含着互助的内容，能够引起居民对社区邻里互助的关注和讨论，营造了“为老”和“重老”的氛围。这种社区氛围的营造为社区居民理解、支持和参与邻里互助养老活动提供了条件。社区在关注老人、服务老人等方面做了很多努力。老年人家属也认同社区开展的各种养老活动，并表示在后续的社区养老服务中会积极鼓励老年人参与活动，为社区互助养老服务的开展做好支持工作。

值得注意的是，社区养老服务活动的开展离不开社区“积极分子”的参与，他们是社区治理中重要的支持力量，是社区工作人员的主要助手，也是社区互助价值传递的重要力量。“积极分子”是社区中具有独特作用的治理力量，他们区别于社区工作人员，具有群众性，又区别于社区普通居民，具有公共性。社区工作人员开展各种社区活动，需要依靠社区中的“积极分子”。他们能够结合自身的优势帮助社区工作人员开展服务活动。尤其是在社区老龄化与社区工作人员年轻化的背景下，社区更需要这些“积极分子”带动其他居民参与活动，完成各种任务。其中也涉及社区邻里互助价值的传递。“积极分子”的积极参与本身就体现着“热心参与”“帮助他人”等价值。“积极分子”在传递相关信息、参与各种服务活动的过程中影响其他居民对互助价值的认识和理解。因此，“积极分子”是社区互助价值培育中的一个重要补充力量，社区需要重视和发掘“积极分子”的潜力。

从总体上来看，社区开展的养老服务活动内容丰富，社区逐渐形成一种互助氛围。这种互助氛围引起了社区居民的关注。这种关注引起居民对老龄化问题的思考，对解决老龄化问题具有积极作用。研究发现，不论是标语动员，还是养老服务中的社区互助活动，都有利于营造社区互助氛围。这对于促进社区互助价值的培育具有显著影响，并表现出一些特点。

第一，社区养老服务活动引入互助主题，促进社区互助氛围的营造。

社区开展了各式各样的养老服务活动，逐渐进行了持续性的养老服务安排，而持续性的养老服务输出使居民逐渐意识到社区对老年人的重视。社区所开展的养老服务活动蕴含着“为老”和“重老”的价值导向，这对于在老龄化背景下解决养老问题具有积极意义。社区引入以互助为主题的养老服务活动是对“为老”和“重老”价值导向的具体诠释。居民对互助价值、互助养老有了深入理解。

以往，我们用社区焦点事务来强调社区居民对某个社区事务的关注，居民注意到某个事务的时期是这一事务能够得到推进和发展的最基础的时期。在社区养老服务活动中引入互助主题，为互助服务提供了可能，为社区养老注入了新活力，有利于社区居民认同互助价值、参与社区互助养老活动，有利于社区营造互助氛围，也有利于推动社区邻里互助养老持续发展。

第二，互助养老服务活动引发居民对邻里互助养老的关注和讨论，有利于居民认同互助价值。

案例中互助养老服务活动的开展直接引发了社区居民的关注和讨论。社区居民在讨论过程中理解了互助价值的内涵，对互助价值的形成了认同感。互助价值的形成与认同需要两种空间。一种是物理空间。物理空间提供互动机会，并开展互助活动。这种空间是必备的，是推进社区互助养老服务开展的条件。另一种是讨论空间。讨论空间为社区居民提供可以讨论的话题和机会。讨论会引起居民对话题的关注和反思，促使居民对互助服务和互助活动提出意见。互助养老服务活动与社区居民的利益具有紧密的联系。对于老年人及其家庭成员来说，互帮互助的方式能够满足老年人的需求。这种方式带来了社会支持的机会，也带来了对互助价值的认同。

第三，开展互助养老服务活动为社区多元主体参与提供了机会，为社区推行邻里互助养老做了铺垫。

多元主体的参与和支持是社区互助养老服务能够持续开展的重要基础。只有多元主体提供更多的支持，社区养老服务体系才能完善起来，社区邻里互助养老服务才能更好地开展。当前，社区互助养老服务活动日益丰富，社区增加了互助服务活动，营造了互助养老的氛围，同时也为居民的广泛参与搭建平台。互助活动在吸引社区老年人参与的同时，也吸引老年人的家属积极参与。这就增加了社区邻里互助养老的支持力量。同时，为了开拓互助养老服务的渠道，社区物业、社会组织等都参与到互助养老服务活动中。社区养老服务活动为多元主体参与社区治理提供了机会，为社区邻里互助养老的发展奠定了基础。

二、社区互助氛围营造与互助价值培育存在的问题

虽然社区互助养老服务活动对社区互助氛围的营造与互助价值的培育具有显著作用，但是有些社区的互助养老活动还不足以支持互助养老持续发展。

（一）以社区互助为主题的养老服务活动较少，限制对互助价值的反思和认同

虽然当前养老服务活动已经在社区得到常规化开展，但是其中以互助为主题的养老服务活动较少。在一些社区，以互助为主题的养老服务活动一般是嵌入或隐藏在社区养老服务的整体供给中。有些社区并不是将邻里互助养老作为一个单独的服务项目提供给老年人。从现有的实践经验来看，缺少这类服务的社区没有培育互助价值，没有建立邻里互助的桥梁，无法形成溢出效应，无法引起居民对邻里互助养老的广泛关注和讨论，也无法吸引多元主体参与，限制了居民对互助价值的反思和认同。

此外，有些社区中的养老服务更多的是单向服务，即社区（社会组织）提供-老年人接受的服务。这些社区没有把老年人纳入服务活动的整个过程，缺少相应的价值引领，限制了老年人在互助方面发挥主动性和创造性，也限制了老年人对互助价值的讨论、反思和认同。社区应更好地发挥老年人在推动邻里互助养老发展方面的支持作用，进一步精准定位

老年人的需求，推动互助资源的整合，从合作生产转向价值共创，[①] 进而营造整体的互助氛围。

基于社会发展的要求和国家基层治理的制度安排，社区治理格局逐渐转向多元主体共同治理。多个主体参与到社区建设中，社区形成治理共同体，促进问题的解决。社区不应以被动解决问题的思路来看待互助养老问题，应提前做好相应的准备。互助价值培育就是其中一项重要内容。在邻里互助养老模式的推行过程中，社区治理思路应该是未雨绸缪型的。社区在推行邻里互助养老模式前有一个长期的准备阶段。在准备阶段，社区通过互助价值培育来推动互助活动的开展，进而生发社会资本，从而为邻里互助养老模式的持续推行提供资源支持。

（二）互助养老活动覆盖的老年人呈现出对象化特征

有些社区的互助养老活动所覆盖的老年人表现出对象化的特征，即积极参与的老年人总是那些人。他们是参与主力，积极参与社区举办的各种各样的活动，提供志愿服务、养老服务等。而其他老年人的参与性比较差。影响老年人参与社区活动的因素有很多。年龄、政治面貌、健康状况、婚姻状况、文化程度、收入状况、社会声望等都是重要的影响因素。互助养老活动的参与主体还是停留在“老年精英”层面。[②] 但究其原因，这与脱离老年人的日常生活有关。有些社区没

① 王欢明、刘馨：《从合作生产转向价值共创：公共服务供给范式的演进历程》，载《理论与改革》2023 年第 5 期。

② 陈茗、林志婉：《城市老年人参与社会公益活动的意愿及其影响因素》，载《人口学刊》2004 年第 3 期。

有结合老年人的生活轨迹进行活动安排，无法吸引老年人广泛参与。这导致互助养老活动促进互助价值培育的功能没有充分发挥出来。很多老年人还是在自己的生活圈子中活动，没有融入社区的互助圈子中。

（三）对以养老服务活动促进互助氛围营造的重视不够，对互助价值的引导不足

社区的养老服务活动形式多样，内容丰富。服务内容包括精神慰问、娱乐锻炼、物质支持等。养老服务活动的开展有利于促进社区互助氛围的营造。但有些社区对于通过开展养老服务活动来营造互助氛围的重视不够。一些社区没有对邻里互助进行充分投入和有力支持，没有根据老年人的日常生活轨迹提供邻里互动的机会，而是按部就班地进行服务安排，没有灵活地提供服务。邻里是一种资源，邻里互助有助于解决社区老年人日常生活中的大多数问题。但是如果对邻里互助重视不够，没有获得利用和整合资源的机会，社区就失去了一份有助于解决社区养老问题的力量。

第五章

社区邻里互动空间的生成与日常互助行为的增加

“邻里”作为一种交往群体，具有深厚的社会基础，能够为居住区的居民提供广泛的支持，是老年人获得情感性、信息性和工具性等方面的互助支持的重要来源。在以往的研究中，对于社区互助养老的发展路径这一问题，研究者们发现社区互助养老的发展需要政府、社会、社区等多方面的支持，其中重塑邻里关系是发挥社区互助养老功能的一个要点。通过邻里之间的日常互动，社区形成邻里守望相助的生活形态，进而生成社会资本，解决单纯依靠互助技术而造成的持续性不足的问题，推动互助养老的发展。重塑邻里关系的重要意义在于它是社区互助养老发展的内部条件和社会基础，是推动社区互助养老持续发展的前提。

在城市社区中，邻里经过交往互动形成一定的社会关系，在此基础上产生互助行为，从而推动邻里互助养老的发展。已有研究表明，社区交往空间影响着邻里之间的互动。我们在对城市社区进行调查时发现，一些社区对于空间的利用推进或阻碍了邻里之间的互动。不同的社区对居民自发形成的空间的利用方式不同，这使得邻里产生了不同的互助行为。

第一节 社区邻里互动空间的生成与互助养老实践

社会交往是老年人的基本需求，是衡量老年人生活满意度和情绪状态的重要指标。居住在城市社区中的老年人可能是某个单位的退休职工，可能是帮子女带孩子的“老漂族”等。他们的社会交往活动明显减少，活动范围基本上是社区、菜市场、公园等。而社区中的互动成为老年人重要的社会交往。但城市社区居住空间以楼房为主，这种居住模式减少了人们在公共场所出现、停留、碰面与深入交往的“交往契机”①。这使得人们的交往从以往的“空间便利”转变为“空间受限”。社会互动机会减少，邻里之间越来越成为“熟悉的陌生人”。

然而，在这种“空间受限”的影响下，社区居民并没有受制于这种空间结构安排，而是对社区日常互动的空间进行了适应性调整，创建出“太阳角”“三号院”这样的小尺度空间，满足社会交往需求，重构社区的空间结构，并进一步

① 马静、施维克、李志民：《城市住区邻里交往衰落的社会历史根源》，载《城市问题》2007 年第 3 期。

产生互助行为。

一、“太阳角”的形成过程与互助支持

（一）老年人的社会交往需求与空间需求的叠加：“太阳角”的形成

案例 5-1 Q 小区建成于 2001 年，是一个示范性建设小区，当时是哈尔滨市铁路职工的回迁小区，共有 13 栋楼，后因修路拆掉一栋。目前的规模是 12 栋。其中有一些房屋对外出售。这使得小区中的住户成分发生了一些变化，但小区中的大部分居民还是铁路系统的职工。因此，Q 小区仍然是单位型小区，居民相互熟识，日常谈论的话题多是与单位相关的事。小区的物业在各方面管理得比较好。物业在小区的治理中发挥了重要的作用。

小区 2 号楼楼下有一排门市房，二楼阳台的位置形成一排雨棚，比较背风，形成了一个“太阳角”。“太阳角”是社区中能够晒到太阳的角落或空间，一般是居民楼占地不大、阳光充足、比较背风的区域。一般情况下，在上午十点左右和下午两点左右，“太阳角”聚集的老年人是最多的。他们完成各种家务之后，在“太阳角”聊天、下象棋、打牌、交流信息等。“太阳角”是社区中集晒太阳、聊天、娱乐等功能于一体的重要活动区域，成为老年人重要的交往空间。

“太阳角”并不是一开始就有的，而是自发形成的互动交

往空间。有些老年人中的“积极分子”主动创造相应的条件，促使社区交往空间生成。“太阳角”是社区的一个小尺度空间。老年人在“太阳角”晒太阳、交流信息、开展娱乐活动、进行情感交流，丰富了日常生活，增加了下楼的概率。因此，“太阳角”一经形成，既能满足老年人日常活动的空间需求，又能满足老年人的交往需求，避免了可能出现的社会隔离问题。

“太阳角”的出现，体现了社区日常生活中老年人互动和参与的常态。老年人的参与动机与社区日常生活中的参与结构特征相匹配。这为老年人提供了实现自身价值的机会，有利于进一步实现以友好型和互助型为主要特点的社区养老服务的目标。

（二）老年人在社区日常参与中的空间形成：“太阳角”的维护

社区中空间的形成和重构是社区参与的一种体现，也是理解城市生活方式的重要途径。Q 小区是老龄化程度较高的单位型小区，同一单位退休的老年人比较多，大多数老年人相互熟悉。在公共空间进行社会交往成为老年人比较显著的需求。社区设有凉亭、座椅等公共设施。但由于 Q 小区的老年人较多，社区公共交往空间不足，“太阳角”的出现正是社区空间形成和重构的体现，反映了老年人在社区中的生活方式。“太阳角”刚出现时，没有座椅，老年人都是站着进行交流。随着越来越多的老年人的聚集，有人把自己家不用的沙发或附近商场淘汰的椅子搬到“太阳角”。同时，有一些老年人还拿来一些椅垫，并进行日常的清扫和整理，对这个空间进行了维护。后来，Q 小区的社区居委会注意到老年人聚集的“太阳角”，联系物业一同把破旧的椅子换成了新座椅，增加了椅垫，使“太阳角”看起来更规整一些。如果没有社区居委会和物业的支持，“太阳角”还是一种“私属”的公共空间。正是由于社区居委会和物业的参与，“太阳角”转变成真正的“公共空间”。这样一来，Q 小区的“太阳角”就具有了社区空间利用的稳定性，成为老年人“专属”的公共空间。由此可见，Q 小区的“太阳角”是老年人自创、社区发掘利用、物业提供条件的持续发挥功能的空间。

随着对“太阳角”这一交往空间的维护，越来越多的老年人把它当作“专属”的空间。虽然社区中存在着休息区域，但是休息区域有时并不能完全满足老年人的空间需求。因此，社区空间需要进行重新划分，“太阳角”就是重新划分的结果。后来参与进来的也都是老年人，他们的目的不仅是晒太阳，而且是寻求情感寄托和满足心理需求。

（三）老年人持续参与中的关系升级：“太阳角”中的互助支持

老年人在社区“太阳角”中，通过表达对生活的看法、进行情感倾诉、交流生活信息等，满足了信息获得、心理依赖和情感支持等方面的需求。研究表明，老年人的心理和情绪问题多与社会隔离或社会互动较少有关。[①] 社会互动可以减

---

① 林艳、陈章明：《社会互动与老年人生活满意度相关性研究》，载《中国老年学杂志》2007 年第 27 卷第 12 期。

少老年人的孤独感、寂寞感和抑郁感等。通过聊天、倾听、理解和看望等方式，老年人能够满足情感需求。在社区“太阳角”中，老年人在互动交往中从简单的聊天开始，逐渐建立了一定的情感联系，这为后续互助行为的产生奠定了情感基础。老年人通过在“太阳角”进行日常互动还能够获取需要的信息，进行必要的互助。老年人会在吃、穿、住、用等日常需求方面进行沟通，也会针对常见的老年病、适宜的康复方式等进行经验交流。这对于增加老年人的生活经验与解决老年人的健康问题都具有重要影响。信息交流减少了老年人对健康、疾病和饮食等的误解。以社区为基础传播有益的健康信息可以减少健康危险行为。通过互动形成的社会资本在老年人保持健康方面发挥着显著的作用。另外，在“太阳角”互动的老年人还会在其他参与者需要时进行实际的互助支持。

案例 5-2　在 Q 小区，有一次闫大爷在家摔倒，脚骨折了。他的老伴在上海做手术，不在家，他的子女在上海陪护。同在“太阳角”聊天的李大爷听说了，在闫大爷恢复期间，一直帮助闫大爷买菜做饭、做家务。

老年人有时会遇到意外受伤而身边无人照顾的情况，也会存在家里长期有病人需要照顾而临时需要帮助的情况，“太阳角”中的老年人都会进行帮助，帮助买菜、送餐，帮助照看病人，进行互助支持。在社区中，老年人在互动关系的基础上产生了互助行为。这既是邻里互动的结果，又是发展社区邻里互助养老的基础。社区对空间进行创建或改造，就是希望通过这样的空间互动发掘和利用互助资源。在调查过程中，我们发现，城市中不论是老旧小区，还是新建商品房小区，都存在着很多类似的“太阳角”。这些“太阳角”多是通过居住在社区中的老年人利用社区的生活娱乐设施、空地、楼边等进行交往互动而形成的，空间不大。有的“太阳角”聚集的人较少，有的“太阳角”聚集的人较多。社区互动空间的创建或改造是非常重要的，有利于满足老年人的交往需求，也有利于在互动关系的基础上形成互助支持。

二、“三号院”的空间形成与互助行为的增加

（一）“三号院”的修整与社区交往空间的创建

案例 5-3 H 小区是一个老旧小区，建立于 1980 年至 1990 年，是单位型小区。楼房是“L”字形的防震楼格局，每栋楼前都有由两栋“L”字形楼合围的院落。这里主要的居民是某工厂各个车间的退休工人和干部。3 号楼有一位郭阿姨，她是 H 小区的热心公益人物和“积极分子”。她所居住的楼栋和旁边楼栋合围起来的院落主要由她负责打理，形成了不同于其他楼组的“三号院”。小区内很多基础设施都破旧了，但郭阿姨的“三号院”整洁干净，与其他院落相比，也是最好的一个。居住在 3 号楼的居民相互之间都非常熟悉，大家经常在整洁的“三号院”散步、聊天。居民都很喜欢自

己的小院。邻里之间也特别和谐。用郭阿姨的话说："我们这栋楼还行，大家都和和气气，也经常相互帮助。"

H小区是在单位管理下筹资兴建的单位型小区。虽然受到产权变更、青年人外流的影响，一些居民搬离了小区，但是不愿离开小区的退休老年人还是非常多的。因此，社区居民之间的关系是"半熟人"关系。H小区设施老旧，属于老旧小区，其空间格局较为传统。老年人已经适应了在这样的空间中养老，同时也在这样的空间中进行改造、创建，满足交往需求。"三号院"是在社区"积极分子"郭阿姨的努力下，由郭阿姨带领大家一起创建的社区交往空间。"三号院"这个空间创建之后，成为社区居民认同并喜爱的公共空间。

案例5-4　在H小区，郭阿姨从退休后一直做楼道和大院内的清扫工作。虽然小区有清洁员，但是郭阿姨还是坚持自己打扫。郭阿姨和老伴有退休金，退休金足够维持日常生活开销。郭阿姨平时闲暇时间多，身体比较好，所以她对所在的院子就更为关注。她自费购买了水泥、油漆和工具，修补了楼道的窗台和信箱，还修补了院子里的水泥台阶和地面，清除了院子里的杂草。院子非常干净、整洁。郭阿姨还在绿化带里种了一些花。每到春天，郭阿姨就进行整理。到了夏天，绿化带里的花都开了，邻居们争相去赏花、拍照。

“三号院”的改造是在社区“积极分子”郭阿姨的主动参与下实现的。郭阿姨自掏腰包，主动改造，不计较得失。这为空间改造增加了可能性。郭阿姨在获得自我满足感的同时，使社区居民在日常生活中感受到了有序性和舒适性，也为社区居民创造了互动交往的机会。列斐伏尔认为，空间总是蕴含着某种意义，行为建构空间，空间影响行为，这是一个双重交互的过程。老年人在社区创建“三号院”时，把关系和空间紧密地交织在一起，并继续进行着社会关系的建立和社区空间的建构。与从外部营造或建构出来的社区空间不同，“三号院”这个空间体现了老年人的自主参与性。老年人在持续地参与中形成了深层次的关系与互助行为。研究指出，空间与邻里互助有着密切关系，空间的布局和安排制约着邻里互助行为的产生和发展。多样化的空间结构产生了多样化的邻里互助模式。邻里互助模式随着时代的发展呈现出阶段化和多元化的特征。

总之，这些空间隶属于老年人，是在情感和心理上不可替代的空间。另外，我们注意到，“三号院”的形成离不开社区“积极分子”郭阿姨的投入。这意味着在创建与利用社区空间时，社区还需要考察“积极分子”的基本情况。这可能是影响社区空间形成的一个重要因素。

（二）“三号院”的布局设置与多元主体的协商

社区能够获得一些资源，以支持基础设施的重建。当这些资源的利用与社区居民创建的空间相关联时，多个主体在交往空间中整合新资源的互动过程就会出现。

案例 5-5 在H小区，由于郭阿姨进行维护，楼门口的小广场干净整洁，大院布局比较合理。这也是郭阿姨、其他居民与社区协商的结果。社区引进了一批新的健身器材，要将健身器材安装在各个院落里。郭阿姨与居民一起商量健身器材的安装位置，以便更好地利用健身器材，不影响院落里的老人活动。最终，健身器材被安装在院落东面居民楼窗户下。郭阿姨觉得这样非常合理，不影响大家在院落里活动。小区大院里的座椅比较多，大部分座椅是居民自己搬来的废旧座椅。居民表示在楼下活动时还需要更多的椅子，但是社区和物业并没有及时满足居民的这个需求。居民还是不断地维护椅子和拿来旧椅子。在郭阿姨的带动下，很多居民愿意相互帮忙。

以往，在引进或重建基础设施时，有些社区或物业采取直接作业的形式，不与居民商量，不听取居民的意见。社区、居民和物业是相互割裂的主体，各主体之间的关系较为松散。但郭阿姨的“三号院”是被大家认可的“自己家”的院落，是属于居民“自己”的公共空间，如果有空间变动，则需要郭阿姨和其他居民同意。因此，当引进健身器材时，“三号院”居民、社区、物业就针对健身器材的安装位置进行了讨论。而最后的安装位置则是社区多元主体协商的结果。这体现了居民较为关注社区交往空间的布局与变动，居民会成为积极的协商者，与其他相关主体进行协商。

协商是社区治理的重要方式，是能够推进社区公共事务解决、推进社区治理共同体构建的一种途径。案例中健身器材的安置事件虽小，但为社区多元主体进行协商治理提供了一次“演练”的机会，为多元主体对社区公共事务进行协商创造了条件。

（三）社区空间的利用与互助行为的增加

案例中的“三号院”是所在社区中一个典型的院落，“三号院”的居民在院落里活动和交往已经成为社区的一个场景。“三号院”的居民在日常生活中的互助支持成为传递价值的常见行为。

案例 5-6 在郭阿姨的影响下，邻居之间都比较友好，能互相帮助。10 月份时，老人们在准备秋菜，大家基本上都买 10 颗以上的白菜。居民楼是多层，没有电梯，邻居们相互帮忙，把菜搬到家里。这对这栋楼的居民来说是常见的现象。如果家里有其他的事情，邻居也会相互提醒和帮助。

在城市社区中，类似“三号院”的交往空间很常见，多数是由社区中的精英和积极参与者发起建立的。他们通过打扫卫生、栽种绿植、整理院落、放置物品等赢得对空间的主动权和控制权，继而创建出社区邻里互动空间。最初，“三号院”在社区中并不显眼。后来居民通过各种方式使“三号院”变成舒适的空间。居民对自己的“三号院”感到很满意，在各个季节都愿意在这个舒适的空间中开展各种交往活动。这也显示出退休老年人居多的老旧小区真实的日常生活情景。这些生活情景被赋予了意义，展示着人们的生活方式。

社区邻里在一定的空间中交往，必然会增加互动关系的亲密性。这为互助行为的产生奠定了基础。在以往的研究中，多数研究者都认为互动关系的亲密性是衍生社会资本、增加互助行为的重要因素。这也是老年人创建互动空间、产生互助行为的原因。社区只有为老年人提供日常互动交往的可能性，才能够促进互助行为的增加。

总之，通过对“太阳角”和“三号院”的考察，我们发现，老年人在互动参与的过程中满足了交往需求，构建了交往空间，创造了交往机会，产生了互助行为。“太阳角”和“三号院”中的互动参与已经成为社区参与的重要组成部分。在互动交往的过程中，老年人之间的关系逐渐由互动关系转变为互助关系。老年人通过日常的互动形成了稳定的关系。这为社区邻里互助养老的发展奠定了基础。

三、城市社区邻里互动的空间生成与邻里互助养老功能的发挥

“太阳角”和“三号院”的空间改造把关系和空间紧密地交织在一起，满足了社区居民的交往需求。与从外部营造或构建出来的社区空间不同，“太阳角”和“三号院”这样的空间有利于居民进行自主参与。社区居民在持续地互动参与的过程中形成了深层次的关系。

（一）城市社区邻里互动空间生成的策略与机制

1. “小尺度空间”的生成和改造策略

根据“太阳角”和“三号院”的空间生成过程，我们发现居民都是以一种“小尺度空间”的策略来对邻里互动空间进行改造和更新，进而实现重塑邻里关系的目的。

在建筑学上，“小尺度空间”改造是城市社区微更新的重要内容。“小尺度空间”是容易被度量、把握、控制，以及容易使人们获得感受的空间形态，规模较小。研究发现，在城市社区的居民交往中，能容纳少数人的“小尺度空间”具有较高的使用率，分布在楼边、楼口等区域。居民频繁地在“小尺度空间”中互动。“小尺度空间”更具有人情味，是生活中更具价值的空间，是能够满足社区居民需求的空间。

当前，城市通过社区空间微更新的形式，充分发挥政府、居民、社区的作用，对社区空间进行小规模、多样化的渐进式更新，以此取代原来大规模拆建的更新方式，避免对社区居民生活产生破坏。但有关重塑邻里互动关系的空间改造却受制于社区微更新实践情况的影响。第一，虽然社区微更新有促进邻里交往的空间要素，但是系统性、专业性的社区微更新项目的惠及面较小，且周期相对较长，这与社区养老服务的迫切性存在矛盾。2015 年之后，广州、上海、北京等城市实施了一系列城市社区更新办法，选取一些社区作为试点开展社区微更新实践项目，联合政府、社会组织、企业、规划设计人员、社区居民等主体共同参与。其中，广州老旧小区微改造、上海城市社区的园艺花园、北京四合院微改造等项目都取得了良好的效果。但其他城市的社区微更新进程相对较慢，社区微更新尚未广泛普及。主要原因是社区规划尚未被纳入城乡规划体系，城市社区无法开展更大范围的社区空间微改造项目，这直接影响了邻里互动关系的建立与社区互助养老服务的供给。[①] 第二，有些城市社区互动空间的微改造忽视了邻里关系重构的日常生活基础。社区微改造的核心目的是繁荣社区生活。各地通过建筑物局部拆建、功能置换、保留修缮、基础设施完善、整治保护等在不同层次上进行了社区微更新。[②] 但一些社区在微改造时只是告知居民，没有结合居民的主动性与日常生活需求进行设计与安排，互动空间的使用率不高，互动空间无法支持稳定的邻里互动关系的形成。

改造“小尺度空间”是社区能够做出迅速反应的改造方案，是一种过渡性的邻里互动空间改造形式。“太阳角”和“三号院”是对社区中一些零散又适宜的空间进行重新整合的结果。社区居民自觉选择“小尺度空间”改造策略，是对社区日常生活中互动交往的一种选择，重塑了新的邻里关系，为开展各种服务活动奠定了基础。

2. “小尺度空间”的改造机制

“太阳角”“三号院”的空间改造过程体现了对“小尺度

① 章丹音：《社区微更新：创新基层社会治理的有效尝试》，载《人民论坛》2019 年第 29 期。

② 丁魁礼、贺静：《城市老旧小区适老化微更新的政策创新研究》，载《广州大学学报（社会科学版）》2020 年第 1 期。

空间”的主动选择和调整，体现了社区居民的能动性。“太阳角”“三号院”的空间改造满足了老年人的各种需求，是积极老龄化应对策略的反映。空间改造有以下三种机制。

第一种是适应。适应是指对社区空间进行直接调整和应用。“太阳角”“三号院”是社区居民对社区空间进行适应性调整的结果。社区中交往的频繁性和便捷性成为衡量居民生活满意度和情绪的重要指标。居民会主动利用社区公共空间来满足交往需求。但有些社区的空间建设不利于居民驻足、交流和交往。在这种“空间受限”的影响下，居民并没有受制于社区的空间结构安排，而是进行了适应性调整，通过增加桌椅、设立遮挡物等措施，对社区公共空间进行“小尺度”的改造。这体现了居民利用社区现有条件满足自身需求。

第二种是创建。创建是指居民对社区空间进行创新性建构。“太阳角”“三号院”是社区空间创建的示例，并呈现出不同的经验。“太阳角”是居民基于获取阳光的需求而创建的空间，是自发形成的互动交往空间。“三号院”则是社区精英引领居民通过对社区院落的公共设施不断地进行修补而创建的交往空间。虽然有些社区的空间不利于满足邻里日常的交往需求，但是居民会根据社区的条件，发挥其创造性，创建新的社区空间。“太阳角”“三号院”都显示出居民对社区空间的创新性建构，既体现了居民的生活智慧，又满足了居民的交往需求。我们在调查中发现，像“太阳角”“三号院”这样的空间不断地在城市各个社区中出现。

第三种是协商。协商是指多元主体针对社区空间发展进行互动交流。社区通常能够获得一些资源以支持社区基础设施的重建。当这些资源的利用与社区居民创建的空间相关联时，政府、社区、居民、社会组织等多个主体就会在社区交往空间中整合新资源，进行互动交往。在更换“太阳角”和“三号院”的桌椅和健身器材时，社区居民、居委会、物业等共同参与其中。多个主体对健身器材的摆放、桌椅的替换等进行协商，使交往更为舒适。协商机制是在社区多元主体参与治理的背景下出现的。多元主体参与到社区治理过程中，并提出相应的意见，进行协商共治。居民因此被赋予了调整空间的权利，实现了邻里密切互动的目的。

总之，居民通过适应、创建和协商对社区邻里互动空间进行改造，创建有利于交往的社区空间。居民对社区“小尺度空间”的改造体现了对日常生活福利的争取和获得。

（二）社区“小尺度空间”中邻里互助养老功能的发挥

“太阳角”“三号院”作为“小尺度”的社区互动空间一经创建就发挥着便于居民交往的作用，为形成邻里之间的互助行为提供了更多的可能性，为满足老年人的需求提供了支持。

第一，在“小尺度空间”中频繁交往，解决了社区中老年人的心理需求问题和精神需求问题，老年人获得了情感性支持。在社区的“太阳角”“三号院”中，老年人在互动交往中逐渐建立了一定的情感联系，这为互助行为的产生奠定了情感基础。

第二，社区居民通过在“小尺度空间”中互动能够获取需要的信息，获得必要的支持。

第三，社区居民还会在邻里需要帮助时进行工具性的互助支持。“太阳角”和“三号院”中均出现过互助支持的情况，这对于形成互助价值、获得养老支持具有重要作用。

总之，社区“小尺度空间”的改造，在重塑邻里互动关系的同时，为社区居民日常生活中的互助提供了更多的可能性。

第二节　城市社区邻里互动空间的改造依据与存在的问题

通过对城市社区互动空间的调查，我们发现，居民基于社会交往需求进行空间改造这种情况比较普遍，老年人对社区互动空间的改造需求更迫切。但实际上社区互动空间改造的程度不同，差距比较大。社区互动空间的创建和改造可能是居民、社区“积极分子”、物业、社区居委会等共同完成的。社区互动空间对邻里互助有着深刻的影响，有利于推动社区邻里互助养老的发展。

一、城市社区“小尺度空间”的改造依据：社区场景的判断

社区利用“小尺度”进行空间改造，需把握“小尺度空间”改造的逻辑，并基于这种逻辑丰富社区居民的日常空间。[①]

我们常常能看到，居民在社区中聚集在一起，进行下棋、

① 国夫：《消失的“小尺度”》，载《广西城镇建设》2013年第4期。

打扑克等娱乐活动，参与广场舞、打太极等健身活动，交流疾病与健康方面的信息。这形成了社区日常生活的各种画面，建构了社区日常互动交往的场景。这些场景彰显着居民自身的需求，有利于满足居民各种各样的需求，也有利于吸引更多的人参与其中。老年人的日常互动就是常见的社区场景。"太阳角"和"三号院"也是基于这样的社区场景开始改造的。这是进行社区"小尺度空间"改造的逻辑出发点。

场景是社会空间和物理空间耦合的结果。城市中休闲娱乐设施的不同组合构成了场景，每个场景都包含不同的活动和经验。场景中所蕴含的价值观念、生活方式，吸引着人们流动、聚集，同时塑造人们的价值认同性和主体性，发挥着影响城市经济社会发展的功能。[①]"太阳角"和"三号院"的场景是社区居民日常生活的缩影，是社区居民基于对生活的理解和对日常需求的满足而创建出来的空间。在这样的空间中，社区居民通过互动交往增加情感联系，对正确或错误言行进行判断，对事情进行抉择。居民在判断与抉择的过程中形成了价值认同，互帮互助，构建社区邻里互动的场景。这样一来，社区场景中能够产生推动邻里互助养老发展的支持力量。社区场景是居民自创的互动空间，对于互助价值的传递、互助行为的产生具有重要意义。因此，我们有必要关注社区居民在日常生活中建构的场景，以及在场景中产生的互动关系。

---

① 吴军：《场景理论：利用文化因素推动城市发展研究的新视角》，载《湖南社会科学》2017 年第 2 期。

二、城市社区创建或改造互动空间的障碍

首先，和谐的社区氛围能够较好地推进互动空间的创建或改造，反之，不和谐的社区氛围则会阻碍互动空间的创建或改造。

社区互动空间对于推进邻里互助养老的发展具有重要作用。只有创建较好的互动空间，满足老年人的需求，社区才能更好地推进邻里互助养老的发展。社区互动空间为邻里互助养老的发展提供了各种机会和条件，包括主体的协商、互助价值的传递、互助氛围的营造、互助行为的增加等。这些机会和条件又会反过来影响社区互动空间的创建。我们在调查中发现，在Q小区、H小区，社区、物业、居民对社区空间的创建或改造具有很好的包容性，邻里关系较为和谐，大多数居民能够从老年人的需求出发，理解对社区公共空间的利用。各主体能够通过协商的方式促进社区互动空间的创建，并且没有较大的争议，为老年人积极参与社区的各种公共事务营造良好的氛围。

值得注意的是，一些老单位型社区的邻里关系较为密切，社区氛围较为和谐，社区互动空间的创建或改造较为容易。居民能够通过沟通、协商的方式对社区互动空间的创建或改造进行商议。而在邻里不熟悉的商品房社区或新单位型社区中，由于邻里不熟悉或沟通不畅，居民之间有时会产生空间争夺的冲突，这就阻碍了社区互动空间的创建或改造。社区应关注老年人的互动空间，为老年人创建或改造互动空间提

供支持，从而进一步推动邻里互助养老服务的开展。

其次，老年人参与创建或改造的互动空间更符合老年人的需求，但有时，其他主体与老年人在互动空间问题上协商不足。

老年人会根据他们自身的特点和需求创建或改造社区互动空间，因此老年人参与创建或改造的互动空间更符合他们的需求。我们在调查中发现，老年人对社区中已有空间的改造方式是多种多样的，他们会通过增加围挡、桌椅来改造休闲区域，也会通过在小区的某个空间内增加桌椅、椅垫或保暖设施（隔凉隔风塑料棚）来创建适宜的空间，如“太阳角”和“三号院”。创建或改造空间的行为在哈尔滨市很多小区中都能够看到，这体现了老年人基于交往需求对社区空间进行适应性调整。

但同时，我们也注意到，一些社区的空间规划和设置主要是由社区或物业直接决定的，这些社区很少征集居民的意见。这就造成空间利用主体之间协商不足。老年人居多的社区进行适老化空间改造，显示了“老年友好型”社区建设理念，也是当前社区治理中多元主体参与的体现。但遗憾的是，有些社区的其他主体在互动空间问题上与老年人协商不足，这阻碍了社区老年人进行交往和互助。

再次，社区或物业参与社区互动空间的改善，能够推动空间的持续性发展，增加互助行为，反之则不利于推动空间的持续性发展，不利于增加互助行为。

在完善养老服务体系时，国家相关部门提出建立“社区+物业+养老”的服务体系，把物业纳入社区养老服务体系中。

这体现了养老服务与社区、物业之间的紧密关联性。以往，有些社区居民总是把物业放到对立面，这样不容易建立和谐的合作关系。其直接影响是增加了解决各种问题的难度。比如，社区和物业在老年人互动空间的创建或改造中没有发挥相应的支持作用。有些小区没有形成类似“太阳角”的持续性的互动空间，这些小区中的老年人也试图创建“专属”自己的互动空间，然而在对空间进行创建的过程中，社区与物业没有及时关注。此外，老年人与其他居民在日常互动中存在空间争夺的现象。这些都阻碍了互动空间的形成。因此，除了老年人之外，社区、物业的参与和支持也是十分必要的。社区互动空间有利于解决老年人共同的需求问题。社区互动空间的出现和维护需要社区、物业和居民共同参与。

在日常生活中，老年人需求的满足与社区、物业服务的提供有着直接联系。如果社区或物业能够及时满足老年人的需求，那么这可以为社区互助养老奠定良好的基础。从上述案例中我们可以看到，有些社区和物业能够解决老年人在互动空间上的需求问题，及时满足老年人的需求，听取老年人对空间设置的意见，及时调整空间规划，营造和谐的交往氛围。这显示出交往的溢出效应——互助行为的增加，并为互助养老的进一步发展创造了条件。但如果社区或物业没有及时关注并解决老年人对互动空间的需求问题，则会直接影响互动空间的稳定性，影响互动行为与互助行为的产生，居民的认同感就会比较弱。这不利于社区邻里互助养老的发展。

最后，社区“积极分子”对互动空间的创建或改造发挥了重要作用，但有些社区缺乏“积极分子”的推动，社区空间的利用受到限制。

不论是“太阳角”还是“三号院”都是在社区老年人中的“积极分子”的积极参与下创建出来的。以往，“积极分子”都是作为社区治理的辅助力量而被认识的，是社区居委会开展各种活动的支持力量。但在社区空间的创建或改造中，“积极分子”以老年人的需求为出发点，为了交往舒适而开展行动，具有更为显著的自发性和创新性。有了“积极分子”的参与，社区互动空间的创建或改造具有了灵活性。互动空间被广泛发现于社区之中，成为社区中的一道风景线，为社区交往创造了条件。但同时，有些社区也存在缺乏“积极分子”对空间进行创建或改造的情况。我们在调查中发现，在“三号院”所在的社区，其他院落就没有这种有序且舒适的互动空间，这与“积极分子”有着明显的关联性。没有“积极分子”的推动，社区较难出现“太阳角”和“三号院”这样典型的互动空间。这就阻碍了社区互动空间中居民的交流和互动，更影响了互助行为的发生。

总之，社区互动空间是居民传递感情、交流信息和互帮互助的重要条件，是营造社区治理共同体的载体。[①] 社区居民尤其是老年人能够发挥积极性和主动性，创建和改造社区空间，增加邻里之间的交往机会。社区、物业等其他主体与居民一起对社区空间的治理进行协商，为社区空间的创建和改造创造条件。这有利于增加交往行为与互助行为，为社区邻

---

① 蔡静诚、熊琳：《“营造”社会治理共同体——空间视角下的社区营造研究》，载《社会主义研究》2020 年第 4 期。

里互助养老奠定基础。但是如果社区各个利益相关主体在社区空间创建和改造上不能提供相应的支持，缺乏与老年人之间的沟通，以先入为主的方式进行社区空间治理，那么社区空间的生成就会受阻，互助行为产生的可能性就会降低。另外，对于一些具有老龄化趋势的社区而言，发掘老年人中的“积极分子”，鼓励其参与社区空间治理，也是值得关注的重要方面。

第六章
社会组织参与互助的能力建设与邻里互助养老的组织支持

社会组织的积极参与是加快形成科学有效的社会治理体制的重要前提。① 社会组织参与社区邻里互助养老实践有利于社区提升互助养老服务水平。但同时，这对社会组织的能力提出了更高的要求。社会组织能力是指为了实现目标，有效整合和利用资源，协调和维系组织发展，为社会提供公共服务，实现社区公共生活有序化的能力。社会组织能力包括资源能力、治理能力、协调能力、网络能力、项目能力，以及与组织阶段性相适应的动态能力等。② 根据社会组织能力的内涵与社区邻里互助养老的发展要求，我们认为，参与互助的能力是社会组织能力的一个方面，有利于社会组织实现为社区提供公共服务的目标。具体而言，社会组织参与互助的能力包括整合资源、提供互助机会、共享互助价值观、促进互助行为形成、动员成员参与互助活动、与其他组织合作、促进社区互助养老发展、孵化社区互助组织等方面的能力。

当前，城市社区邻里互助养老的发展现状显示，社区自组织和社会工作组织是两类具有代表性的组织形态。提高社区自组织和社会工作组织的互助能力，是提升社区邻里互助养老组织化治理水平的基础。我们在调查过程中发现，社区邻里互助养老的组织支持的实际情况并不乐观，社会组织的互助能力有待提高，社区邻里互助养老的发展在一定程度上受到社会组织互助能力的限制。

---

① 陆军等：《营建新型共同体：中国城市社区治理研究》，北京：北京大学出版社2019年版，第49页。

② 张潮、张雪：《组织能力、合作网络和制度环境：社区非营利组织参与社会治理的有效性研究》，载《经济社会体制比较》2020年第2期。

第一节　社区自组织的互助能力发掘与社区邻里互助养老实践

已有研究指出，社区邻里互助养老的持续发展需要多元主体参与，多元主体包括政府、企业、社会组织、社区、居民等。社区通过整合多元主体，发掘与利用互助养老资源，培养互助精神，建立互助共同体，从而推动邻里互助养老的发展。社区自组织是互助共同体的重要组成部分。社区自组织也称为社区社会组织，是居民自发成立并自愿参与的社会组织形态。社区自组织以满足社区居民的需求为取向，可以分为体育健身类、文化艺术类、公益服务类、休闲娱乐类等类型。当前，社区中存在着大量的社区自组织，包括老年协会、广场舞组织、志愿者组织、模特队、太极队、歌唱队、爱心社、治安巡逻队、环保协会等。社区自组织具有多种多样的类型，是促进社区发展的内部力量。研究指出，支持社区自组织有利于解决老年人的各种需求问题。社区邻里互助养老的发展需要建立互助型组织，但建立新的互助型组织存在一些困难，而整合和利用社区自组织成为可行的办法。因此，识别社区自组织在推动社区邻里互助养老发展方面的组织优势和存在的问题，进一步发掘社区自组织的能力与优势，成为研究的突破口。

一、日常活动中社区自组织的互助能力的表现与特点

社区邻里互助养老虽然被认为是当前解决社区养老问题的一种重要方式，但是也需要具有一定的支持力量。哈尔滨市社区中存在的老年人自组织包括老年人协会、广场舞组织、老年唱歌队、老年志愿者组织、模特队等。这些自组织都能够成为社区邻里互助养老潜在的依托力量，并且在社区邻里互助养老实践中表现出一定的互助能力和特点。

案例 6-1 H 小区帮助老年人组建了模特队、老年志愿服务队等。模特队刚组建时缺教练。社区居委会的工作人员发现社区中有一位老人是文艺部门退休的、比较擅长模特表演，就发掘其作为模特队教练和领队。当街道有文艺活动或比赛时，社区居委会就派模特队作为社区的代表队伍参加文艺活动或比赛，模特队成员感到十分骄傲。模特队成员之间的关系比较融洽，成员在参与活动时感到非常开心。在平时，除了训练和演出，模特队成员还经常组织春游，总是相互帮助。

老年志愿服务队是 H 小区低龄退休老年人组成的一个比较活跃的组织。在社区活动中，居民总是能看见穿着红马甲的志愿者。这些志愿者的年龄普遍为 55 至 65 岁。64 岁的于阿姨是其中一位志愿者，她热心肠，乐于助人，与志愿者关

系较好。有一次，她出门办事，家里有老父亲需要照顾，她就拜托同为志愿者的朋友照顾了八天。同样，其他人家里有事时，她也积极帮忙。老年志愿服务队里有一位成员家庭条件困难，在夏天时，她会自己开辟小菜园，卖点菜。于阿姨经常把菜全部买回来。另外，于阿姨家里有多余的物品时，也经常送给这位成员。老年志愿服务队的成员总是相互帮忙。

我们从案例中可以看出，社区依赖老年人自组织提供志愿活动、服务活动，老年人自组织则从社区获得相应的资源来展现和发展自己。这种相互嵌入式的发展模式为社区自组织的发展带来了机会。社区自组织已经成为社区活动的一个主体，是当前社区治理中必不可少的参与主体。

老年人自组织是社区中积极活跃的组织，对于老年人的身体健康、社会交往等具有显著的优势。社区中的团体活动对老年人的健康有着积极影响。老年人通过参与团体活动，能够更好地提升幸福感，改善身体状况和心理状况。在社会交往方面，社区自组织为成员提供了交往平台。另外，社区自组织成员遵循“施-受-报”的社会交往逻辑进行互动，在重构社区交往原则的同时，在活动中融入了文化价值。社区自组织成员之间的互动和互助体现了互惠性。

案例 6-2　M 组织是 N 小区老年人协会的分会之一，经常组织互助活动，并为社区提供相应的支持服务。老年人协会组织社区捐献活动，为敬老院困难老人捐赠衣物，还组织老年志愿者对社区绿化环境进行保护。在 2021 年建党 100 周年文艺演出前，老年人协会招募老年志愿者，很多老年党员带头参与，营造了良好的氛围。社区中有一些独居老人，社区居委会与老年人协会一同发起了老年人结对子互助活动。

我们从案例中可以看出，社区自组织具有自身的优势，能够推进社区邻里互助养老的发展，是推动社区邻里互助养老组织化治理的重要力量。社区自组织开展的服务活动多指向社区互助，以互帮互助为前提。案例中的社区自组织以捐献衣物、保护绿化环境、照顾高龄独居老人等方式获得了社区居委会和社区居民的认可，激发了多元主体参与社区活动的积极性和主动性。

案例 6-3 T 小区有一支巾帼助老志愿者服务队，王大姐是巾帼助老志愿者服务队队长。她是一个积极、热心的人。在她的倡导和带领下，巾帼助老志愿者服务队已经走过十几个春秋。每当社区有活动时，她总是主动询问和参与，是社区的“明星志愿者”。志愿者平均年龄为 60 岁以上，她们的志愿服务主要面向邻居中的空巢老人、独居老人、高龄老人、不便出行的老人，帮助老人买菜、买药、买日用品、理发、做家务等，还在节假日帮助老人包饺子、包元宵、包粽子。此外，她们还到养老公寓提供帮助。

案例 6-4 A 小区依托社区网站，开通了居家养老服务板块，开展相关的为老服务。社区有一个居家养老志愿服务队。居家养老志愿服务队下设“一中心、五分队”。“一中心”是指养老督导中心。“五分队”分别是购物志愿小分队、陪聊志愿小分队、求助志愿小分队、家政服务小分队、义工组织志愿小分队。居家养老志愿服务队专门提供购物、陪聊、家政、求助四项居家养老服务，整合社区的老年人力资源，把退休的老领导、老党员、老教授、老专家等组织起来，成立智囊团。服务内容主要是帮助居民解决家庭教育、家庭纠纷、心理健康咨询等方面的问题。

案例中的志愿服务队在社区养老服务中发挥了重要的支持作用。志愿服务队是能够提供养老服务的重要力量，通过对社区中的特殊老年人提供帮助，发掘和整合内在资源，以非市场化的形式，为社区老年人提供一系列的服务，解决老年人的日常需求问题，切实为老年人提供实际的帮助，进一步使老年人认识到自组织在社区养老生活中的重要性。同时，志愿服务队在社区开展了一系列帮助老年人的工作，提高了自组织在社区中的影响力，使居民更好地了解互助服务并加入互助活动中，从而不断地推进社区互助养老的发展。

社区互助养老需要互助性组织提供资源、创造良好的互助环境。我们从案例中可以看出，社区老年人根据兴趣爱好组建了各类自组织。各类自组织已经具有支持邻里互助养老发展的能力，表现出一定的互助性特征。各类自组织按期举办活动，吸引老年人参加活动。因此，我们应了解已有的社区自组织的互助能力，把握其体现出来的特点和优势，从而打通邻里互助的组织通道。

（一）为增加组织成员的互助机会奠定信任基础

社区自组织多是基于老年人的需求而组建的，由老年人进行协调和维系，具有一定的持续性特征。研究指出，成功的自组织能够预设出行动者之间存在值得信赖的关系，这些关系构成社区社会资本，是社区公共问题解决的基础。[①] 社区自组织中的老年人具有比较密切的关系，相互熟悉，能够形成相互依赖的交往关系，而相互依赖意味着信任。这为增加老年人的互助机会奠定了基础。我们通过调查发现，当前社区中存在以锻炼身体、演唱歌曲、演奏乐器、提供志愿服务等为目的的社区自组织，随着老年人之间交往的深入和交往频率的增加，社区自组织所达到的目标超出了预期目标。例如，老年人通过跳广场舞得到锻炼是社区广场舞组织的主要目的，但同时，参加社区广场舞组织的老年人也会开展除广场舞之外的活动，如结伴同游、聊天、咨询健康问题、学习护理技巧等。这使得社区自组织形成了一定的社会资本，为社区自组织的维系和发展奠定了基础，同时也为老年人之间的相互帮助提供了可能，使得老年人形成了一个由文化圈、信息圈、互助圈组成的资源传递圈。因此，社区自组织可以作为社区邻里互助养老的支持力量而存在。

---

① Nederhand，J. “The governance of self-organization：Analyzing the governance relationship between municipalities and community-based collectives.”，Bestuurskunde，vol. 29，no. 4，2020，pp74-75.

（二）易于建立和分享具体的互助价值观，促进互助行为产生

社区自组织是老年人获取生活价值的重要组织。在社区自组织中，老年人会随着互动交往的深入而建立和分享价值观。拥有共同的兴趣、爱好和目标而聚集在一起的老年人有着更多的交流机会，能够建立和分享更为具体的互助价值观。例如，H 小区和 T 小区的志愿者服务队中的老年人认为，“都是老伙伴，能帮一把是一把”，“都是一个服务队的，大家应该相互帮忙”，“子女都不在身边，老年人之间能相互帮忙是最好的”，“现在我们帮他们，等以后我们老了，也会有人帮我们”。这些互助价值观在老年人之间传递，促进了互助行为的产生。在社区治理过程中，价值观的共享是推进社区集体行动的关键因素。凭借社区自组织的优势，老年人能够有意识地树立责任感和互助价值观。

（三）能够积极参与互助活动

社区自组织可以通过互动、互助使成员从资源依赖型个体转变为“积极的合作生产者”，并使成员参与社区福利的供给、为公共服务做出贡献。在动员社区老年人参加互助活动的过程中，社区自组织的成员表现出更高的积极性和主动性。社区自组织的成员在人际交往方面具有归属感，在组织环境中传递信任、信念等，进行互助合作。我们在调查中发现，在社区自组织举办互助活动时，尤其是在处理社区内部或外部的任务时，其成员能够更积极主动地参与活动，接受任务。

有研究发现，有限数量的参与者反复出现互动行为，更容易相互调整行为、实现一个共同目标。社区自组织成员在增加知识与经验的同时，为下一步任务的完成奠定基础，也为再次进行组织化的互助动员奠定基础。

（四）配合社区开展各种互助服务和活动

在社区开展的各种养老服务中，互助养老已经成为一个重要方面。社区开展邻里互助养老服务，需要动员社区组织、居民等主体积极参与。如果社区对居民的动员是个体化的，那么社区将会付出较高的成本。社区更希望通过社区自组织进行动员。对于一些服务项目，依托社区自组织开展活动会取得更高的效率。这使得社区更愿意找到成熟的自组织进行动员。因此，在开展各种互助活动时，有了社区自组织的配合和支持，社区更容易完成任务，更容易实现目标。社区也通过资源配置促进社区自组织的发展。

总之，社区自组织是社区中积极活跃的组织，在老年人的身体健康、社会交往和互帮互助等方面具有显著的优势。社区应提升社区自组织参与互助养老的能力，使其成为具有互助性质的组织，从而推动邻里互助养老的发展。

二、社区自组织在互助能力方面存在的问题

社区自组织的形态和特点决定了其对社区发展的重要性。社区自组织是社区互助养老体系中不可或缺的部分，但一些社区自组织存在互助能力不足的问题。

首先，一些社区自组织整合资源的能力有限，这影响了对社区互助养老的支持。

依托社区自组织是实现互助养老组织化的一条捷径。在当前社区邻里之间的亲密关系逐渐消解的情况下，以社区自组织为平台整合社区资源，能够为社区邻里互助养老的发展奠定组织基础和信任基础。但遗憾的是，一些社区自组织整合资源的能力受到限制，这影响了社区自组织对互助养老的支持。一方面，一些社区自组织获取资源的能力较弱。虽然社区自组织是社区居民自发创建的，但是从社区内部和外部获取资源的能力较弱。比如，一些社区自组织在获得社区居民认可、社区认同、政府支持、社会组织协助等方面仍有很大的空间。这也是当前社区自组织最显著的发展困境。一些社区自组织无法顾及和支持社区养老服务。另一方面，社区自组织整合资源的能力受到组织中关键人物的影响。一般情况下，能够正常运行的社区自组织总是有一位或几位关键人物参与其中。他们带动和支持社区自组织的发展，是社区秩序的建构者，也是社区关系网络的支持者。但如果关键人物缺席或退出，社区自组织的发展就会受到影响，已经开展的互助活动也会中止。很多社区自组织的关键人物是社区的“积极分子”。他们可能在多个社区自组织中出现，其身份具有交叉性。身份的交叉性使得他们在管理社区自组织方面存在不足，中断社区互助活动的情况时有发生。这反映出社区自组织在组织管理方面和动员、挖掘社区积极参与者方面存在能力不足的问题，在转化社区互助力量方面缺乏良好的基础。

其次，一些社区自组织培育互助价值的能力相对缺乏。

虽然在社区自组织的日常互动中，有些成员生发了互助价值观，能够产生互助行为，但是一些社区自组织成员并没有真正内化互助价值观，对互助养老的理念和互助价值的认知不明确。有些成员在有需求时还是习惯性地从家庭或市场中获取资源，没有把自身所在的社区自组织作为服务的支持来源。这导致社区自组织成员缺乏对互助价值的深入理解，缺乏基于互助价值的互动，降低了从自组织中获取帮助的可能性。

虽然社区自组织最初是出于利己性的目的而成立的，但是随着社区养老问题的日益突出，社区自组织形成了新的目标，逐渐兼顾利他性的目标，为老年人获得可及的社区服务提供机会。

再次，一些社区自组织的结构较为松散，动员成员参与互助活动的能力受限。

社区自组织类型多样，但一些社区自组织存在结构松散的问题。这使得社区自组织在动员内部成员参与互助活动时受到限制。有些社区自组织的结构较为完整，内部的凝聚力比较强，组织中的关键人物带头参与互助活动，有效地发挥了引领作用。这些社区自组织能够凭借结构优势和关系网络实现动员成员参与互助活动的目的。但一些社区自组织结构较为松散，能够完成最初设定的初级目标，没有共同实现更高一级目标的思想和意识，同时，成员数量较少，日常互动也不频繁。这使得社区自组织无法形成互助性的支持力量。以广场舞组织为例，有些广场舞组织的成员统一服装、统一行动，共同作为志愿者参加社区活动；有些广场舞组织除了锻炼之外，没有开展其他的社会交往活动，结构松散程度比较明显。这就造成了社区自组织动员成员参与互助活动的能力存在差异。

最后，一些社区自组织与其他主体之间的合作关系比较脆弱。

社区自组织能够激发社区活力，支持社区建设和发展，是社区邻里互助养老需要依托的重要力量。作为社区多元共治体系中的一员，社区自组织需要与政府、社区、社会组织、其他自组织之间建立良好的合作关系，提升互助能力，推动邻里互助养老的发展。但有些社区自组织与其他主体之间的合作较少，它们没有发掘出自身在互助养老中的潜力，无法在社区养老服务供给中承担重任。我们在调查中发现，能够配合社区居委会开展活动的社区自组织多是可以提供节目表演的娱乐类的组织；而在政府购买社会服务的过程中，社会工作组织需要社区自组织协助完成社区养老服务任务，但社区自组织的合作意向不高，合作关系比较脆弱。

总之，一些社区自组织参与邻里互助养老的能力不足，一些社区对自组织的重视不足，一些社区自组织对互助价值的培育不充分。这影响了社区自组织发掘和整合社区互助资源的能力。但在当前社区党委领导、政府负责、社会协同、民众参与的多元共治背景下，融合多元主体共同推动社区邻里互助养老发展，是接下来需要开展的重点工作。

第二节　社会工作组织参与互助养老的能力建设与社区邻里互助养老实践

社会组织在社区治理过程中日益得到重视，在推动社区邻里互助养老发展的过程中也逐渐显现出重要性。社区开始依托社会组织开展邻里互助养老服务，其中社会工作组织是代表。哈尔滨市多数社会工作组织是通过公益创投和政府购买项目来开展社区邻里互助养老服务的，它们在推进社区邻里互助养老发展方面起到了重要作用，发挥了自身的功能。

一、社会工作组织参与互助养老的基本情况与特点

案例 6-5　J 小区和 F 小区是 L 社区所辖的两个比较大的小区。J 小区是商品房小区。F 小区是单位集资建成的单位型小区。两个小区的管理模式不同，L 社区居委会结合两个小区的特点进行治理。F 小区是高校单位型小区，很多居民是退休教师，每到 10 月份至次年 4 月份会去海南、云南等地过冬。因此，在开展社区互助养老服务、提供相应的为老服务时，L 社区就会受到一定的季节性限制。J 小区的很多老年人在冬天不离开本市，会到社区服务中心活动。2020 年，L 社

区引入Z社会工作组织开展社区互助养老服务，在社区服务大厅和社区活动中心都进行了宣传，为Z社会工作组织提供服务场地，逐步开展了一系列的服务活动，也吸引了社区中一些老年人参与。Z社会工作组织主要针对J小区长期居住的老年人开展服务，采用时间银行模式，前期主要开展了一些提升老年人互助能力的活动，如进行了手机应用培训、健康专题培训等，还成立了老年人互助小组，开展各种互助帮扶的工作。老年人如果经常参与，会有积分累积，可以通过积分换取各种纪念品，也可以累积志愿服务时间，以时间换取服务。但是由于F小区中有些老年人选择候鸟式养老方式，无法持续参与活动，社区中活跃的老年人有限，互助服务活动的参与率和效果不尽如人意，互助服务没有在F小区全面推行。

社会工作组织是社区开展邻里互助养老服务所依托的重要载体，能够发挥其专业性和支持性作用。社会工作组织能够结合社区的基本情况进行服务计划的制定与实施，能够在一定程度上解决社区养老问题。Z社会工作组织在对L社区的两个小区开展互助养老服务时采取了“抓重点”的策略，从开展持续性服务的目标出发，主要针对J小区的老年人开展服务，但对F小区选择候鸟式养老方式的老年人所开展的服务则存在间断性的问题。这影响了社区依托社会工作组织开展整体性互助养老服务的效果。社会工作组织在开展互助养老服务时需结合社区老年人的实际情况进行方案的设计和执行，因地制宜地开展互助养老服务。

案例6-6 H小区的高龄老人比较多，这些高龄老人基本上由儿女照顾。社区针对高龄老人制定了慰问制度，每隔一段时间会进行一次家访。社区通过政府购买服务，引入了社会工作组织的“独居老年人”的需求解决项目。在开展活动的过程中，社区提供了一系列的支持，社会工作组织在开展老年人慰问活动和小组活动时，吸引了一些老年人加入其中。社会工作组织的工作人员对老年人的需求进行了调查，了解到很多老年人由于身体不好需要社区提供社区饭堂，但这个服务一直没有提上日程。社会工作组织便联合社区建立了社区饭堂。

在政府和社会倡导社区互助养老的背景下，依托社会工作组织推进社区邻里互助养老发展是重要的组织化治理途径。我们看到，依托项目是开展邻里互助养老服务的策略和途径，而社会工作组织的介入正是一个代表。案例中的社区互助养老服务是依托政府购买项目来开展的。社会工作组织在开展调查工作和服务的过程中能够对社区老年人的需求有较好的把握，能够了解社区老年人在邻里互助方面存在的优势和不足。社会工作组织在参与互助养老的过程中体现出三个方面的特点。

第一，社会工作组织能够整合资源，提供互助养老机会。

社会工作组织作为一种外在力量，在开展互助养老服务的过程中主要通过整合和利用资源，重构其与社区各个利益相关主体的关系，有效地发挥功能。我们从案例中可以看出，社会工作组织通过政府购买服务项目，在社区居委会的协调下进入社区场域中，寻找社区空间资源和积极参与者，采取适宜的措施，举办各种互助活动，为社区居民提供互帮互助的机会和平台，发挥自身的专业优势。社会工作组织在社区中能够整合和利用的资源主要包括制度资源、组织资源、服务资源、人力资源等。社会工作组织主要依据社区治理的相关政策和文件，以及社区养老服务要求，开展邻里互助养老活动。社会工作组织能够联合街道、社区、其他社会组织、企业等主体，整合人力、物力、财力等资源，并在社区互助实践中充分利用这些资源。

第二，社会工作组织能够引导社区内部力量积极参与社区互助养老活动。

社会工作组织在引导社区内部力量积极参与互助养老活动的过程中发挥着重要作用。案例中的社会工作组织依托项目开展互助养老服务，设计系统的养老服务计划，并组织活动，吸引了社区居民参与互助养老服务活动。社区也能够很好地配合社会工作组织开展服务活动。社会工作组织促使社区中本来不活跃的居民参与到活动中，发掘出社区中潜在的力量，激发社区活力。

第三，社会工作组织的专业服务为社区邻里互助养老的发展奠定了基础。

社会工作组织是在调查研究、查找证据、制定计划与方案的基础上开展互助养老服务的。社会工作组织结合社区和居民的特点提供差异化的互助养老服务，具有程序性和可行性等特点。社会工作组织具有多种多样的互助服务模式，通过开展各种活动，吸引社区居民参与活动。这在一定程度上促进了社区互助氛围的营造和社区互助行为的增加。同时，社会工作组织可以通过专业服务设计进行社区互助组织的孵化，增加社区邻里互助养老的依托主体。从总体上来看，社会工作组织凭借专业服务进入社区，对互助价值的倡导、互助行为的增加、互助关系的建立都有重要作用，为社区带来了发展邻里互助养老的机会，为社区邻里互助养老的发展奠定了基础。

二、社会工作组织存在的问题

依托社会工作组织开展互助养老服务，确实为社区带来了发展邻里互助养老的契机。通过对案例进行分析，我们可以看到，社会工作组织在推进社区邻里互助养老发展的过程中取得了一定的成果，但也存在一些问题。

（一）社会工作组织开展互助养老服务时对行政部门的依赖性较大

社会工作组织在开展社区互助养老服务时是以政府购买服务的形式介入的。由政府牵头使社会工作组织具备了一定的公信力，同时使社会工作组织具有了能够利用行政资源的可能性。但社会工作组织在参与社区治理时，尤其是在开展互助养老服务时，存在着一些限制因素。社会工作组织缺少与社区基层密切联结的可能性。有研究者认为，社会组织应整合居民的多样化需求，与不同组织形成长期性合作关系，发挥多样化功能，满足不同利益主体的生活诉求。[①] 社区共治是通过协调治理结构中各主体的力量来实现的，治理结构中的协调机制决定了社会性力量以何种方式在多大程度上发挥作用。[②] 换句话说，如果不考虑社会组织发挥作用时所要借助的决策与行动机制，那么社会组织发挥的作用是非常有限的。社会工作组织从进入社区到开展互助养老服务的整个过程需要依赖行政区、街道、社区居委会。如果没有这些主体的支持，对于社区居民来说，社会工作组织仍是不具有公信力的陌生对象。社会工作组织也无法完成推进社区邻里互助养老发展的任务。也就是说，社会工作组织如果在与其他主体合作时基础薄弱，缺少相应的机制，没有获得信赖，就无法有效地发挥作用。

（二）部分社会工作组织的服务方案没有考虑社区的实际情况

按照互助养老服务方案进行实践，对社会工作组织密切联系社区居民、完善互助养老服务内容等都有影响。但在制定与实施互助养老服务方案的过程中，一些社会工作组织没有根据社区的实际情况进行制定与适时调整，很多方案具有相似性。这造成社会工作组织的服务能力受限。不同社区的互助养老方案应各具特色。总体来看，取得较好效果的社会工作组织在制定方案时根据社区的实际情况有针对性地设计

---

① 王欣、杨君：《再组织化、公共性与社区治理》，载《长白学刊》2017年第1期。

② 李友梅：《社区治理：公民社会的微观基础》，载《社会》2007年第27卷第2期。

了互助养老环节和相应的内容。

（三）部分社会工作组织提供的服务无法嵌入社区居民的日常生活中

社会工作组织在提供服务时应考虑居民的日常生活，注重日常化。日常化是指组织深度嵌入社区日常生活世界的过程，① 是社会工作组织获得支持的重要方式。但实际上我们看到，如果在开展社区互助养老服务时浮于表面，社会工作组织就无法取得预期的效果，也很难在社区深入开展互助养老服务。社会工作组织作为街道、社区和居民之间联系的机构，发挥着桥梁的作用。但一些社会工作组织没有将所提供的服务嵌入社区居民的日常生活中，也没有在提供服务时与居民建立紧密的关系，动员居民的能力比较弱。这样一来，社会工作组织很难达到预期目的。因此，社会工作组织应根据社区居民的日常生活有针对性地提供服务，为开展互助养老服务奠定群众基础。

在当前的社区治理中，社区居委会的角色是重要的。连接居民和社会工作组织需要一个通道，这个通道必须由社区居委会来打通。但有些社区居委会只是为社会工作组织提供了居民情况等资料，并没有将社会工作组织的服务方案与社区治理有机结合起来，这导致社会工作组织的工作难以推进。

① 杜鹏：《动员型组织的日常化：农村老年人协会的运作逻辑与演变路径——基于湖北 W 村老年人协会的个案研究》，载《南京农业大学学报（社会科学版）》2016 年第 16 卷第 4 期。

此外，值得注意的是，当前城市社区中还存在单位管小区的现象，这使得空间分配、利益协调等社区公共问题都不由社区居委会来解决，使得社区居委会悬浮于社区之上。当需要居民参与时，社区居委会没有具体的抓手，没有相应的群众基础。在这种情况下，社区居委会就难以帮助社会工作组织开展工作，这就使得服务没有开展的基础。因此，社会工作组织应该嵌入社区中，所开展的服务应该嵌入社区居民的日常生活中。

总之，强有力的组织依托是社区邻里互助养老持续发展的重要保障。虽然我们加大了对建立社区自组织和社会工作组织的投入，建立了一些互助类的社会工作组织，但是在养老服务资源提供方面，有些社区忽略了老年人自发组织起来的兴趣类组织，以及这类组织可能存在的潜在力量。社区自组织和社会工作组织是能够推进社区邻里互助养老发展的组织基础。社区自组织和社会工作组织需要具有一定的互助能力，才能真正推进社区邻里互助养老的发展。

第七章
城市社区邻里互助养老组织化的治理特征和策略

当前，城市社区邻里互助养老在制度化支持、互助价值培育、互助行为增加、组织支持等方面已具有一定的组织化治理基础。这种基础为进一步推进邻里互助养老的发展提供了温床，孕育出更多的有益于邻里互助养老发展的资源和条件。党建引领是社区邻里互助养老组织化治理的制度底色。党建引领多元主体参与社区互助养老活动、党建引领社区网格治理、党员带头参与邻里互助养老活动，为社区邻里互助养老的发展提供了制度化支持。社区互助氛围的营造对产生互助价值、开展社区养老服务活动有明显作用。社区邻里的社会联结是邻里互助养老的重要依托。社区邻里互动空间的生成与发展有助于社区邻里之间的互动，有助于增加互助行为。社区自组织与社会工作组织的参与和支持，为社区居民提供了参与的机会与途径，为社区邻里互助养老增加了活力。各个方面所显现出来的特点和问题使我们能够从整体上认识社区邻里互助养老的组织化治理。

第一节　社区治理主体对互助资源的发掘和整合是邻里互助养老组织化治理的基石

社区治理主体通过发掘和整合资源来满足社区居民的多样化需求，在改变公共服务供给方式的同时，改变了社区治理的逻辑。更多的资源进入社区公共服务供给的范畴，成为社区治理、社区良性运行的重要因素。社区治理主体应发掘与整合日益多样化的社区资源，将社区资源积累到一定的数量，并有效地利用社区资源来满足居民的需求、进行社区治理。这是推进社区治理的关键动力。社区中有很多有利于邻里互助的资源，邻里日常交往规则、文化氛围、关系网络、社会组织等都能够成为互助养老组织化治理的资源。发掘与整合这些资源是推动社区邻里互助养老发展的基础和关键。

在社区邻里互助养老面临机遇与挑战的前提下，社区的组织化治理需要制度、价值、行为和组织等方面的支持。这些支持的来源是对社区互助资源的发掘和整合。社区互助资源不仅包括社区内部资源，如社区居民、社区自组织、基础设施等，还包括社区外部资源，如政府及相关部门的政策支持、各类社会组织的支持等。社区通过多元主体的带动，从不同角度发掘与整合内外部的互助资源，对互助资源进行利用，从而营造浓厚的互助氛围，建立融洽的邻里关系，切实解决养老问题。

社区治理涉及多个主体。这些主体是社区邻里互助养老的利益相关者，具体包括基层党组织、社区内部力量（社区居委会、社区居民、社区自组织、物业等）、社会组织等。这些治理主体具有一定的优势资源，需要充分发掘和利用这些资源，实现社区邻里互助养老组织化治理的目标。在社区邻里互助养老实践中，各治理主体贡献各自的资源，通过合作开发和利用这些资源，形成互助养老的支持力量，分摊互助养老成本，共享互助养老的利益。

多元主体参与邻里互助养老组织化治理的过程是发掘自身资源、整合社区内外部资源的过程，是把散落在社区的资源整合起来并进行利用的过程。在这一过程中，社区基层党组织、社区居委会、社区居民、社区自组织、社会工作组织等通过采取一定的策略来增加资源类型和资源储量，为构建邻里互助养老服务体系奠定基石，同时以组织化的形式输出和利用这些资源，实现社区邻里互助养老的可持续发展。

社区邻里互助养老不同于其他养老方式，它更多地依赖于邻里之间的互动、联结，以及在此基础上形成的关系网络。这为社区互助养老服务的供给提供了资源基础。如果社区的资源丰富，能够被发掘和利用，那么这是社区解决养老问题的一个重要途径，也是社区邻里互助养老组织化治理的重要任务。社区只有发掘和整合相关资源，为创造邻里互动空间、营造邻里互动氛围、培育互助价值、开展行动等做好准备，在日常生活中充分利用这些资源，形成日常生活中的互动常态，增加社区社会资本，才能切实推动邻里互助养老的发展。

一、党建引领下社区互助资源的发掘和整合

研究显示，党建引领有助于促进社区治理主体的参与与合作，有助于优化社区治理主体之间的协作关系，也有助于发掘社区邻里互助养老资源。社区基层党组织凭借组织优势和资源优势，在推动社区邻里互助养老的组织化治理过程中，能够依托行动化机制对社区中有形和无形的资源进行发掘和整合。这些行动包括贯彻落实社会养老政策，引导社区养老服务有序开展和持续开展，建设典型社区，发动社区党员与居民志愿者，利用党员的人力资源优势进行网格化管理。在这些行动中，发掘和利用资源起到了关键性作用。案例中的Q小区、S小区、W小区、H小区、Y小区在社区党建引领下开展多种形式的互助养老服务，对互动空间进行创建和改造，建设便民服务圈，利用社区自组织和社会工作组织的优势推动互助养老服务活动的开展，在提供制度化支持的同时，培育社区共享的互助价值，营造互助氛围，引导和协调社区各治理主体参与活动，发掘与整合社区互助资源。党建引领是社区邻里互助养老发展的重要途径，社区基层党组织是邻里互助养老主要的治理主体，是社区治理体系的重要组成部分。正是由于党建引领，社区各治理主体共同合作，使社区资源“活”起来，发掘和整合社区的制度性资源、文化资源、空间资源、组织资源等，推动社区邻里互助养老发展，完善社区

养老服务体系。但同时，由于部分社区基层党建的服务能力有待提高，社区在发掘与整合邻里互助养老资源的过程中存在着一定的阻碍，无法以有效的服务推进邻里互助养老发展。

此外，在引领社区治理的过程中，部分基层党组织的功能发挥受到一定程度的限制。我们在调查中发现城市中有些社区党建不是所在街道的党建示范点，其以党建引领社区治理的影响不够深入，对社区资源发掘和整合的能力比较弱。这些社区党建无法为社区各治理主体指明互助养老方向、搭建相关的互助平台，缺少盘活社区资源的关键力量。这导致社区邻里互助养老的发展受到一定的影响。以社区基层党组织为核心的制度化支持如果不充分，则会直接影响社区各个治理主体对资源的发掘，进而影响社区邻里互助养老的组织化治理程度。

党建引领是推动社区邻里互助养老组织化治理的关键，党建引领的程度影响了社区有效治理的深度。因此，我们认为，党建引领在社区互助资源的发掘和整合方面有着显著的优势，能够为社区邻里互助养老提供制度化支持，能够把社区各治理主体组织起来，推进社区邻里互助养老进入新的发展阶段。社区应在党建引领下开展邻里互助养老服务，这是实现组织化治理目标的重要途径。社区基层党组织应加强自身的建设，以解决社区治理过程中存在的问题。

二、社区内部力量对互助资源的发掘和整合

社区内部力量作为邻里互助养老的主要支持力量，既是

社区治理主体，又是参与资源动员的重要力量。社区内部力量存在差异，对互助资源的发掘和整合也不尽相同。他们通过不同层次的参与，为社区邻里互助养老的发展创造了条件。社区居委会在基层治理中被赋予了重要的角色和地位，并具有行政性和社会性的双重职能。一方面，作为政府行政管理的派出机构，社区居委会需要完成上级行政部门所安排的任务，传递政府信息，发挥相应的社区治理职能与服务职能；另一方面，作为居民的自治组织，社区居委会具有组织社区居民开展互助活动的自治功能。[①] 社区居委会通过采取一系列策略，贯彻落实社会养老政策，开展社区互助养老服务，构建社区的“为老”服务氛围，逐步构建和完善社区养老服务体系，发挥重要的功能。社区居委会能够围绕养老服务调动蕴含在社区中的互助资源，推进社区邻里互助养老的发展。社区居委会是不可或缺的社区内部力量。

社区居民中的积极参与者能够带动社区互助资源的开发。这些积极参与者可能是个体（社区“积极分子”），也可能是群体。他们创建了“三号院”“太阳角”这样的空间，为邻里互动联结和关系延续创造了条件，为推动社区邻里互助养老的发展提供了支持。

社区邻里互助养老的活力之源来自社区自组织。社区居民成立了志愿助老服务队、老年协会、老年健身娱乐组织等

---

① 崔月琴、张译文：《双重赋能：社区居委会治理转型路径研究——基于X社区社会组织服务中心实践的分析》，载《清华大学学报（哲学社会科学版）》2022年第37卷第2期。

社区自组织。社区自组织倡导互助价值，参加互助活动，推动邻里互助养老的发展。社会自组织在互助资源的开发方面凸显出自身的优势。

正是由于这些社区内部力量共同努力，社区邻里互助养老才能够不断地、持续地发展。我们可以看到，社区邻里互助养老的推进和发展带来的是社区居家养老服务的多元化选择，老年人可以在社区中选择多种养老服务方式。这对于应对老龄化问题也是积极的选择。

但我们也注意到，社区内部力量在对社区互助资源进行发掘和整合的过程中也存在一些问题。一些社区的养老服务活动以展示性的活动为主。一些社区居委会开展养老服务活动，但做得不够深入，“蜻蜓点水”式的节假日问候、需求不匹配的服务提供等都影响了服务效果。从这一角度来说，社区居委会的资源动员受到自身服务效果的影响。从社区日常生活实践和社区自组织的成立可以看出，社区居民的创新性实践能够弥合社区养老服务需求和服务供给之间的鸿沟，能够为邻里互助养老的发展提供机会和条件，在一定程度上解决社区养老服务需求和服务供给不匹配的问题。另外，社区自组织与社区居委会具有密切的互动关系，社区自组织参与各种社区活动，如节假日表演、志愿服务活动等。但是一些社区自组织在开展服务活动的过程中受到社区行政化事务的影响，同时也存在忙于社区公共事务而忽视自身发展的情况。

总之，社区内部力量的各种行动和取得的效果显示出社区邻里互助养老依赖内部力量的重要性。社区在进行组织化治理时应紧密结合内部力量，发掘和利用内部资源，保证邻里互助养老的持续发展。

三、社会工作组织对社区互助资源的发掘和整合

社会工作组织的参与确实为社区带来了发展契机。社会工作组织发掘蕴藏在社区内部和外部的各类资源，为社区中有需求的个人或群体提供更为有效的服务，为社区邻里互助养老的发展创造条件。社会工作组织具有专业优势，可以作为资源链接者，搭建社区内部和外部的合作平台，也可以作为资源整合者，发掘社区内部资源，为社区邻里互助养老服务的持续开展提供保障。案例中的 H 小区、L 社区都引入社会工作组织来开展社区养老服务，社会工作组织在开展服务过程中引入了有关互助养老的内容，针对邻里互助养老进行了系统的方案设计。这引起了社区对互助养老服务内容的关注和讨论，为社区其他主体带来了参与社区治理的机会。由于采用政府购买服务的方式，社会工作组织易于获得社区的信任，易于拓展自身与政府之间、与社区居委会之间、与企事业单位之间的关系，提高公信力，提高获取与整合资源的能力。[①] 社会工作组织既能够通过政府购买项目等途径获得政

① 彭善民、张宇莲、马志勇、沈黎：《都市社会工作资源整合模式探索——以上海 A 区社区青少年社会工作的实践为例》，载《华东理工大学学报（社会科学版）》2007 年第 1 期。

府、社区的资源支持，又能够积极带动社区居民参与服务活动，促使社区居民成为提供服务的支持力量，实现社区社会资本的再生产，发挥应有的功能。此外，社会工作组织还能够链接社会资源，获得社会资助，增加物质性和服务性的资源储量，提升参与社区治理的能力。社会工作组织依靠专业的工作模式和技巧方法来发掘与整合资源。案例中的社会工作组织在各主体协商合作的基础上开展互助养老服务活动，进一步吸引社区居民参加活动，增加社区互助养老的支持资源。

虽然部分社会工作组织参与互助养老的能力不足，部分社会工作组织没有形成完整的和具有借鉴性的邻里互助养老服务模式，但是从持续性发展的角度来看，社会工作组织嵌入社区治理是推进社区邻里互助养老发展的现实选择和趋势。在建立邻里互动关系、吸引居民参与活动、链接资源、搭建邻里互动平台等方面，社会工作组织具有显著的优势，取得了显著的成果。对于社区养老服务体系的构建来说，社会工作组织是非常重要的。

总之，社区邻里互助养老组织化离不开制度、互助价值、互助行为和互助组织等要素。每一个要素的发展都依托社区资源的开发和利用。社区资源的存量和整合程度是衡量社区能否顺利开展邻里互助养老服务的重要变量。有些社区已经依托党建引领，依托社区内部力量和社会工作组织的支持，开展了邻里互助养老服务。如果多元主体都能够在社区邻里互助养老服务中贡献力量，那么社区邻里互助养老组织化治理水平就会提高。在多元主体合作的基础上，社区互助资源的发掘和整合成为邻里互助养老组织化治理的基础性策略。

第二节　预阶段是社区邻里互助养老组织化治理的必经阶段

一、社区邻里互助养老组织化发展具有阶段性特征

通过调查研究可以发现，即使在相同的城市背景下，由于社会养老政策的执行力度、社区居委会的发展重心、社区居民的配合度、社区其他主体的参与积极性等存在差异，社区的养老服务在总体上呈现出差异化的特征，邻里互助养老的组织化发展表现出显著的阶段性特征。邻里互助养老的发展阶段主要包括基础阶段和实践阶段，可以进一步细分为预阶段、开始阶段、发展阶段和整合阶段。基础阶段主要包括预阶段，体现的是邻里互助养老发展的酝酿期与准备期。实践阶段则包括邻里互助养老的开始阶段、发展阶段和整合阶段，分别体现为组织化实践的初始期、组织多样化实践期，以及经验总结和整合期。

预阶段是邻里互助养老发展的酝酿期和准备期，其主要表现是社区还没有开始进行具体的邻里互助养老实践，但社区酝酿着有助于邻里互助的条件和氛围。一般来说，这类社

区没有把邻里互助养老模式纳入养老服务体系中，养老服务体系中不蕴含邻里互助养老服务内容，社区居民对社区互助养老服务了解不足，对邻里互助方式认识不深。这类社区还没有进入有目的的互助养老阶段。但是社区已经具有邻里互助养老组织化所需要的部分条件，社区居民尤其是老年人在互动过程中产生了互助行为。这为社区营造了良好的关怀氛围，重塑社区的互助价值，为邻里互助养老的发展提供了前提。这种情况可称为预阶段。案例中的 Q 小区、H 小区都是社区邻里互助养老预阶段的代表。这些小区没有具体的互助组织，但已经在党建引领、互助价值培育、互助行为增加、互助能力提升等方面为互助养老实践做了铺垫，并针对组织化治理的整体布局进行了要素整合。

开始阶段是邻里互助养老发展的实践初期，其主要表现是社区开始推行邻里互助养老模式，但由于实践时间短，社区还在探索邻里互助的形式和内容。处于邻里互助养老实践初期的社区，通常是在政府的倡导下采取互助养老的形式，提供养老服务，并按部就班地实施互助方案和计划。在邻里互助养老模式初具雏形的同时，这些社区也显示出互助服务的单一化、非体系化等特征，只在某些方面强调互助，缺乏对邻里互助养老的整体布局。案例中的 L 社区已经开始探索邻里互助养老，依托社会工作组织开展互助养老服务活动，开展促进邻里间互动、老年人能力提升的活动，但因为还在实践初期，没有构建出邻里互助养老的发展框架，没有获得比较丰富的经验，并且在开展活动的过程中存在各种要素限制组织化水平提升的现象，因此处于“摸着石头过河”的开始阶段。

发展阶段是邻里互助养老发展的实践中期，其主要表现是社区在邻里互助养老方面已经具有成型的经验和方法，采用当前比较典型的邻里互助方式。社区会根据自身的条件选择和调整互助养老方式，确定符合自身特征和实际情况的邻里互助养老方式和内容。社区的各个参与主体对邻里互助养老有了一定的认识，能够持续推进邻里互助养老的发展。案例中的 W 小区在政府的带领下推行以党建引领为主、社区配合的方式，政府进行投资，社区动员居民积极参与，形成了独具特色的邻里互助方式。另外，一些社区不断探索据点式互助养老模式。

整合阶段是邻里互助养老发展的整合期，其主要表现是社区在一段时间内采取了时间银行、互助幸福院、互助养老院等互助养老模式，在这些模式运行期间，发现了互助养老实践中存在的问题，寻找解决问题的方法，采取整合的方式，构建了相对完善的邻里互助养老体系。社区中的邻里互助不是单一型的，是多种方式的整合。处于邻里互助养老整合阶段的社区已经具有邻里互助养老的经验，能够结合自身情况整体把握邻里互助，也能够选择合适的方式和内容。案例中的 Y 小区曾经推行过时间银行模式，在一段时间内获得了党员志愿者的支持，时间银行模式得以持续一段时间，但由于种种原因，时间银行模式搁置了。Y 小区又在党建引领的背景下，开始重新开展邻里互助养老服务。

从总体上来看，当社区邻里互助养老处于不同的发展阶段时，邻里互助养老的条件也不尽相同，这使得社区养老服务的获得性存在差异。有些社区在邻里互助养老方面日趋成熟，能够为老年人提供更多的服务，能够采取多种多样的服务方式，能够提高老年人的生活质量。

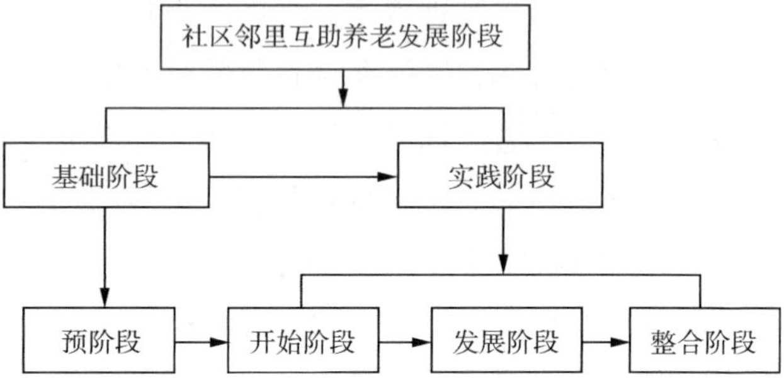

图 7-1　社区邻里互助养老发展阶段

二、预阶段为社区邻里互助养老发展提供条件

为了推动邻里互助养老的持续发展，社区应该在预阶段形成互助支持的潜在力量，进入开始阶段后开展邻里互助活动，进入发展和整合阶段后积累邻里互助养老经验。整个过程呈现出阶段式递进的特征。阶段式递进意味着预阶段是准备阶段，是重要的基础阶段。已有研究显示，邻里互助养老应具备一定的社会基础，社会基础能够为邻里互助养老的发展提供条件，有利于邻里互助养老从基础阶段进入实践阶段。如果忽视基础阶段直接进入实践阶段，那么社区在互助养老实践中可能存在潜在的风险，比如支持资源不足，发展内力不足等。因此，社区邻里互助养老的发展具有阶段层次性，

预阶段是为其他阶段奠定基础的重要阶段。

预阶段作为基础阶段，为社区邻里互助养老的发展提供条件。具体来说，在社区邻里互助养老发展的预阶段，制度维度、价值维度、关系维度、组织维度的条件逐渐落到实处。国家从政策层面已经明确社区互助养老的价值和意义。政府的引导、社区的倡导、社区居民的接受、社区其他主体的加入都是在贯彻落实政策的基础上进行的。从制度意义上来说，多元主体贯彻落实政策需要有一个预备过程。

社区的改造也需要适时地进行调整，以适应邻里互助养老的发展。社区日常互动的主体形成相对稳定的、持久的关系，进而在互动的基础上构建更深入的关系，为社区问题的解决和社区公共事务的处理提供支持。

另外，社会组织参与邻里互助养老也需要一个过程。从案例中可以看出，社会组织如果没有做好前期工作，直接介入到社区养老服务中，则不能产生较大的影响。

总之，以上四个维度的条件需要在一个阶段中酝酿并形成，为邻里互助养老的发展奠定基础。邻里互助养老的组织化基础是否稳固影响后期的发展水平，影响社区社会资本的存量，影响社区互助价值的产生，影响社区互助行为的增加。

值得一提的是，社区的类型对预阶段的发展具有比较显著的影响。单位型社区的居民互动的频次和深度不同，尤其是老单位型社区的邻里互动更频繁。不同类型的社区在互助价值培育、互动空间构建、养老服务活动开展等方面存在明显的差异。因此，社区在邻里互助养老预阶段需根据自身的实际情况和特征，更为精细化地开展互助实践活动。

此外，由于社区发展状况、社区资源、社区关系等存在差异，邻里互助养老并不是按部就班地按照阶段递进式的模式发展。有些社区还不具备邻里互助养老预阶段的条件，就已经开始推行邻里互助养老模式。这造成了治理基础不牢，也带来了“阶段共生”的问题。预阶段对于邻里互助养老模式的推行来说是非常重要的，它关系到邻里互助养老的支持力度和持续发展。

概而言之，预阶段是社区邻里互助养老的重要阶段，是不可忽略的基础阶段。社区需要重视预阶段的基础性作用，在此基础上开展各种服务活动，这样才能推动邻里互助养老的持续发展。

第三节　社区日常生活中的参与是社区邻里互助养老组织化治理的核心内容

一、社区居民的日常生活参与蕴含着邻里互助养老发展的资源

一直以来，研究者们研究社区“弱参与”的问题，其核心议题就是“如何促进社区参与”。他们分别从政府、社区和居民等角度提出了制度供给不足、社区公共性缺失、居民利益分化等，从某种特定因素出发对这一问题进行了关注。[①] 有研究者提出为居民赋权与增能，采用自主性的自组织，解决社区参与不足的问题。[②③] 在社区实践中，研究者发现不论采

① 方亚琴、夏建中：《社区治理中的社会资本培育》，载《中国社会科学》2019 年第 7 期。

② 谭祖雪、张江龙：《赋权与增能：推进城市社区参与的重要路径——以成都市社区建设为例》，载《西南民族大学学报（人文社会科学版）》2014 年第 6 期。

③ 杨贵华：《转换居民的社区参与方式，提升居民的自组织参与能力——城市社区自组织能力建设路径研究》，载《复旦学报（社会科学版）》2009 年第 1 期。

取怎样的治理策略，最终还是要回归到社区，结合需求者的日常生活思考社区的发展问题。同时，我们需要对日常生活中社区参与的内涵进行重新解读和界定。社区参与经常被认为是社区成员、群体或组织参与社区公共事务的过程。但在多元主体参与的背景下，更具包容性的社区参与不仅包括居民对公共事务有目的性的参与，还包括以居民不同需求为基础的多样化的参与。除福利性参与、志愿性参与、权益性参与外，娱乐性参与[①]也被认为是社区参与。这样，社区参与不仅涉及具有目的性的公共事务的参与，还包括非公共事务的参与。与公共事务的参与相比，非公共事务的参与具有更强的主动性、更高的参与率。这是居民在日常生活中的参与常态。从持续性发展的角度来说，社区邻里互助养老的组织化治理需要结合居民日常生活中的参与常态进行推进。

通过对社区邻里互助养老的调查和分析，我们发现，邻里互助养老模式之所以能够在一些社区中持续地推行，主要是因为这些社区能够把居民日常生活全面地整合到养老服务的整体环节中，从中发掘与整合资源并加以利用。如前所述，社区资源包括有形的资源和无形的资源，这些资源并不都是依靠社区外部提供的，而是由社区居民在日常生活参与中发掘和整合出来的。在案例中，社区居民表现出积极性和创新性，在日常互动中，社区居民开发社区互动空间，形成互助关系，提供志愿服务，参与各种活动。社区将居民的娱乐性参与、志愿性参与、福利性参与与养老服务相融合，对社区

---

① 杨敏：《作为国家治理单元的社区——对城市社区建设运动过程中居民社区参与和社区认知的个案研究》，载《社会学研究》2007 年第 4 期。

空间进行调整，构建良好的互助氛围，并依靠党建引领、标语动员、活动体验、空间建设、自组织参与、社会组织支持等，重构日常生活秩序，促使居民形成参与惯性，协调多元主体的关系，发掘和整合互助养老资源。

同时，我们通过调查发现，阻碍社区发展邻里互助养老的因素是缺少日常生活化的安排。有些社区缺少与日常生活的联系，缺少日常化互助氛围的营造。没有日常生活化的安排，社区很难构建互动空间。有些社会组织所开展的活动与社区居民的日常生活脱轨，缺乏社区内在支持动力。

实际上，在社区日常生活中，居民的活动时间更多，居民能够积极主动地进行互动交往，在一定的条件下，能够进一步建立社会关系和情感联系，并在此基础上产生互助行为。这能够为社区邻里互助养老的发展奠定基础，对推进社区组织化治理具有重要作用。居民的日常生活包括衣食住行、休闲娱乐、社会交往等。居民不仅是社区治理的对象，而且是日常生活的实践主体。在社区治理过程中，居民的主体性能够得到激发。在日常生活中，居民通过习惯化、协商化、能力化等机制实现社区治理共同体构建的目标。[①] 社区已经出现了日常生活治理的转向。日常生活治理是城市治理的重要形态，是重构居民生活秩序以满足居民美好生活需要的重要方式。日常生活治理能够满足居民的养老服务需求，激发居民的参与意愿，为解决养老问题指明了方向。因此，社区应关注日常生活，注重有组织的社会活动和精神生产活动的基础

① 王春光：《社会治理“共同体化”的日常生活实践机制和路径》，载《社会科学研究》2021 年第 4 期。

性作用，对日常生活进行治理。

很多研究者已经注意到对社区日常生活进行治理的重要性。有研究者指出，如果能够结合社区的日常生活进行社区治理、处理社区公共事务，则能够更好地实现目标。社区治理和居民需求问题的解决，最终需要回归到社区居民的日常生活，对社区服务的设计也要融入社区日常生活。因此，互助养老要融入社区日常生活。这说明，社区邻里互助养老的组织化治理必须以日常生活经验为基础。研究者明确了社区日常化与社区政策落实、社区问题解决的关联性，认为只有结合社区日常生活，才能推进社区治理。这样一来，我们在看待社区问题时需要关注居民的日常生活，从中挖掘更为根本的因素。因此，日常生活化的社区治理策略是我们需要关注和采用的，社区不能脱离日常生活这一实践场域，需要在这一实践场域中处理各种事务。

治理策略需要与社区居民的日常生活结合起来。社区需要从居民琐碎的、重复的、日常性的活动中发现与邻里互助养老组织化治理息息相关的资源。社区如果脱离居民的日常生活，不考虑居民的真正需求，就无法在日常生活中发现居民的支持力量，无法形成多元主体的合力，无法有效地推动邻里互助养老的持续发展。

另外，我们也注意到，不同类型的社区具有不同的特征，这使得居民的日常生活方式和轨迹有所不同。尤其是单位型社区中还留存着由于单位的介入而出现的治理特征，与商品房型社区存在一定的差异。

作为国家治理单元的社区，[①] 在治理过程中离不开有效的制度和有机的社会结构。社区应为居民创造日常生活空间，构建生活共同体。而要为居民创造日常生活空间，社区就必须从居民的日常生活的内在要求出发。[②] 居民日常生活的基础性地位是组织程度和凝聚程度的重要考量因素。社区居民通过日常正式和非正式的实践塑造着社区的整体样貌，形成了社区的内生性力量。这是新时期多元共治的社区治理结构的关键。社区居民在推动社区邻里互助养老发展方面扮演重要的角色。社区组织化的关键在于社区居民能够自觉地参与到治理过程中，并形成互助养老的支持力量。社区需要依据居民的参与特征来进行组织化治理。日常性参与就是核心内容。在进行治理时，社区应重视居民日常生活参与的状态，采取适宜的治理策略。

二、社区邻里互助养老组织化治理需关注日常生活场景

场景蕴含着特定的价值和文化。场景包括五个要素：一是邻里、社区；二是物质结构、城市基础设施；三是多样性人群；四是前三个元素及活动的组合；五是场景中所孕育的价值。场景既可以作为自变量，又可以作为因变量。作为自变量，场景能够推动居住模式、人口和教育等发生变化。场

---

① 杨敏：《作为国家治理单元的社区——对城市社区建设运动过程中居民社区参与和社区认知的个案研究》，载《社会学研究》2007 年第 4 期。

② 赵宇峰：《重构基础社会：日常生活、共同体与社区建设》，载《社会科学》2017 年第 4 期。

景是社区发展的动因，关注场景是关注社区发展内在驱动力的表现。社区需要结合场景的重要性和价值进行治理。作为因变量，场景是社区发展的结果，场景作为反馈机制的一部分，反馈着社区居民的问题和满足需求的情形。社区发展促进了场景的生成，而场景又作为社区发展的内在驱动力促进社区发展。

虽然社区日常生活治理的重要性已经被研究者关注，但是我们还需要进一步理解社区日常生活，并把日常生活治理嵌入整体的社区治理中，实现日常生活治理与社区治理的有效衔接。社区日常生活中存在着社区居民交往互动的各种场景，场景反映着老年人的日常生活状态和互动状态。老年人在场景中传递着生活信息和价值观。这为社区日常生活治理提供了思路，即重视社区居民的生活场景，在场景中发现居民的行动动力，寻找适宜的治理策略。社区场景的呈现表达了社区居民的集体需求。社区场景传递着信息，吸引居民持续参与活动。社区居民在社区场景中传递特定的价值观，展现特定的生活方式。社区场景的形成使居民对社区的生活方式、团体联结方式、社区凝聚力形成了新的认识。社区在日常生活治理中应加强对场景的治理，以此为基础进行组织化治理，进而实现互助养老的目的。

社区场景的生成与我们认识社区互助养老问题相关联，也是我们观察互助行为的一个角度。我们在社区中进行观察和调查，发现社区场景的内容和形式。这成为考察社区组织化的基础之一。当城市生活中的场景出现在社区中时，社区成为培育价值观的地方，并重新定义城市生活、公共政策等。

场景具有相当的解释力和指导力。社区场景为邻里互助养老的发展提供动力。这主要体现在社区互助养老制度实施场景、社区互助氛围的营造场景、社区互动交往场景、社会组织开展互助服务的场景等方面。

一是社区互助养老制度实施场景。在积极老龄化的背景下，社区以基层党组织为核心引领互助养老。很多社区的服务活动围绕着养老问题开展。社区普遍设有老年活动中心、老年人心理咨询室、老年志愿者组织等。这带来了社区活跃的服务场景。服务场景常见于社区基层治理实践中。社区以制度实施为任务来开展服务活动，倡导互助服务，形成了互助养老的制度实施场景。这种场景体现着社区对老年人的关注和关爱。

二是社区互助氛围的营造场景。社区利用建设红色庭院、红色物业、睦邻楼道、友好型社区等契机，对公共环境进行改善，呈现出党建引领下“为老”的建设特色。社区公共设施的更新调整、社区标语的设置、多样化的社区养老服务活动的开展，都有利于营造关爱老年人的氛围。这种氛围直接影响居民对互助价值的认识、反思和认同。从表面上来看，对社区居住布局的改变是解决社区公共设施问题。实际上，布局中带有党建引领下的价值观引导，体现了对社区养老问题的关注。社区如果从较小的单元进行治理，哪怕增加一条标语或一幅图画，都可以形成一个更新内容。一些社区开展了艺术、文化等方面的小规模比赛或活动，引起了居民的关注，激发了居民的参与热情，实现了营造文化氛围的目的。在这个过程中，社区形成了能够被感受到的场景。这对于社区互助氛围的营造具有重要影响。

三是社区互动交往场景。在社区中形成互动场景，对于互助养老的发展具有重要意义。互动场景往往出现在社区居民自创的互动空间中。邻里互助关系产生的动因是在互动空间中产生了持久的社会关系。共同在一个交往空间中的老年人的持续交往不仅嵌入在利益关系中，也嵌入在情感关系和规范承诺中。[①] 老年人从最初的利己主义的动机出发，满足自身的社会交往需求和情感需求，但在持续参与的过程中，开始出现利他行为。在这个过程中，老年人在互动交往中构建出新的参与结构，并进一步构建出新的责任结构，情感支持和互助行为也就自然而然地出现在互动交往中。这种互动交往为社区邻里互助养老带来了资源和支持力量。社区老年人获得了情感性、工具性和信息性的支持。

四是社会组织开展互助服务的场景。社区自组织能够有组织地参与互助养老服务活动，以内部互助、协助等方式，解决社区老年人在健康、交往等方面的需求问题。社会工作组织介入社区互助养老服务，带来了具有计划性和服务性的互助养老服务规划。社会工作组织以其专业的技巧和方法，带动居民参与互助活动，链接相关资源，开展服务活动，加深了居民对互助养老的认识。社会组织参与互助服务增加了解决老年人需求问题的途径，也掀起了互助实践热潮。如果没有社区自组织或社会工作组织的嵌入和帮助，很多服务很

① Vernon D. Ryan, Kerry A. Agnitsch, Lijun Zhao, Rehan Mullick, "Making Sense of Voluntary Participation: A Theoretical Synthesis." *Rural Sociology*, vol. 70, no. 3, 2005, pp. 287-313.

难开展和扩大影响。社会自组织和社会工作组织能够推动社区邻里互助养老的发展。我们在调查中发现，社会工作组织在社区服务中心或社区公共场所按时开展服务活动，很多居民前来参加，社区能够形成服务场景。这种场景虽然规模小，但是从发挥互助养老功能的角度来看是非常有意义的。

由此可见，社区日常生活中已经形成了各种各样的场景。在这些场景中，社区居民进行交往互动、建立情感联系、进行互帮互助，为社区邻里互助养老组织化治理提供了支持。日常生活场景治理是推进社区邻里互助养老发展的重要策略。社区需要结合老年人的日常生活进行相应的安排，设置社区场景，依靠场景的力量推动邻里互助养老发展，进一步实现邻里互助养老的目标。

第八章
城市社区邻里互助养老组织化的治理方式与治理路径

城市社区邻里互助养老的组织化治理是一个系统的过程。社区既要考虑制度化支持、互助价值、关系基础、互助能力这四个基本维度的相互影响，又要考虑自身的基本特征、资源存量、居民日常生活特征、邻里互助养老的阶段性特征，以此来确定邻里互助养老组织化治理的方式和路径。城市社区邻里互助养老组织化治理的路径包括社区互助资源的发掘和整合、预阶段的治理、日常生活场景的治理。

第一节　城市社区邻里互助养老组织化治理方式

以往的研究者针对城市社区邻里互助养老组织化治理提出了多维度的治理条件，从实践经验和问题总结的角度对城市社区邻里互助养老发展所需要的条件和遇到的问题进行了较为详细的分析。城市社区邻里互助养老的组织化治理遵循着一定的规律，需要具备一定的条件。我们从组织化的四个维度出发，结合互助资源发掘、预阶段治理、日常生活场景治理进行研究。社区应在邻里互助养老组织化治理的过程中创造必要的条件，增加资源储量，发掘与整合资源，构建日常生活场景，营造互助氛围。

从社区邻里互助养老组织化发展趋势来看，社区应该实现从无序到有序、从被动到主动，以及从他助、自助到互助的转变，凸显从无到有、从不合作到合作的态势。这与社区的发展水平、制度化支持等有着紧密的联系。社区邻里互助养老模式不同于其他模式。社区必须以良性的制度化支持、和谐的互助氛围、良好的社会关系等作为基础，形成雄厚的社区社会资本，从而促进邻里互助行为的产生，完善邻里互助养老服务模式。这些条件和资源在不同的阶段孕育、产生和发展，为社区邻里互助养老的发展提供了前提。社区邻里互助养老的组织化治理不总是顺利的，其主要原因是发展条件和资源准备不充分。这需要社区在预阶段做好准备、打好基础。有了预阶段的前期准备，社区邻里互助养老就能够顺利地进入新的发展阶段，待发展到一定程度后，又开始进行新一轮的发展。这体现了预阶段治理的重要性，也体现了社区邻里互助养老发展的动态性特征。

社区邻里互助养老是在循环上升的过程中实现发展的，从预阶段开始向开始阶段、发展阶段、整合阶段过渡。社区邻里互助养老呈现出循环上升的发展趋式。社区治理则呈现出阶段递进式的特征。在以往的研究中，研究者发现，需要将社区治理放到一定的过程中来理解，从问题的产生到问题的解决再到新的问题的产生，始终是一个过程，而不是一个结果。社区应在发展过程中理解治理，在治理中理顺发展过程中的各种关系。社区邻里互助养老的组织化治理同样如此。因此，社区应积极构建可持续发展的治理模式。这种模式应该是一种阶段递进的模式。预阶段不可缺少，不可忽略。要推动邻里互助养老的发展，社区就需要进行阶段递进式治理。

阶段递进式治理是基于城市社区邻里互助养老从低级阶段到高级阶段的发展过程所呈现出来的特征、对治理策略的差异性认识、对预阶段基础性作用的认识而提出来的。阶段递进式治理是一个过程，是对发展方向和发展状态的描述。在认识组织化治理维度的基础上，我们发现，不论是制度化的支持、社区氛围的营造、社区互助行为的形成，还是社会组织互助能力的提升，都能够推动社区邻里互助养老的发展。

社区在治理过程中应关注递进式的状态。社区邻里互助养老的组织化治理呈现出递进的关系和层次。社区对资源的发掘整合、对日常生活的关注、对场景的治理，都显示出阶段递进式的特征。阶段递进式治理并非单向线性治理，而是循环上升式治理。这要求社区在邻里互助养老发展的初期关注和明确自身所处的阶段，结合自身的特征和实际情况创造必要的条件，进行阶段递进式治理。

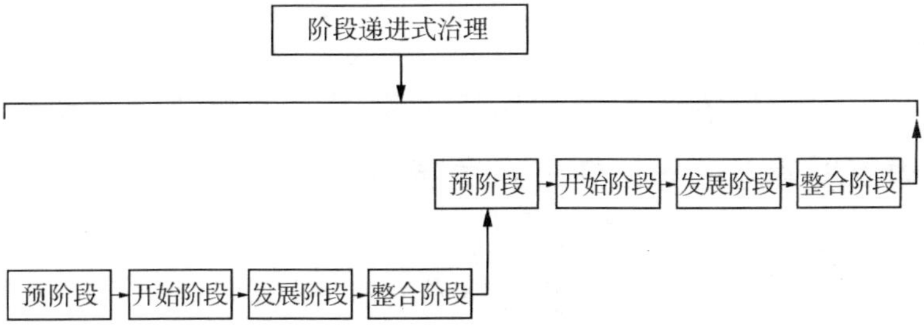

图 8-1　阶段递进式治理

第二节　城市社区邻里互助养老组织化治理路径

一、发掘和整合社区互助资源：多元共治推动邻里互助养老的阶段递进式发展

社区邻里互助养老的持续发展需要政府、社区、居民、社会组织等多元主体提供支持。社区应依赖多元主体来发掘与整合资源。多元主体可以通过党建引领、内部力量动员和组织支持等方式，合力发掘和整合社区资源，打开社区治理组织化的连接通道，使社区进入有序的组织化状态，促使社区邻里互助养老进入新的发展阶段。因此，在社区资源的发掘和整合过程中，多元主体的合作共治是关键。

（一）加强党建引领下的社区资源发掘，释放多元主体力量

在社区邻里互助养老组织化实践中，政府发挥带头主导作用，对社区资源进行发掘，鼓励多元主体发挥作用，推动社区邻里互助养老的发展。因此，社区应加强党建引领，在

党建引领下发掘互助资源，为邻里互助养老的发展提供制度化支持。

首先，强化党建在多元主体参与互助养老中的引导作用，形成多元主体参与组织化治理的格局。

社区应加强基层党组织在多元主体参与邻里互助养老活动中的引导作用，改变邻里互助养老实践中的行政化倾向，形成多元主体治理格局，为各主体提供平台和机会，展示各主体的优势。

坚持多元主体合作是社区发展理论强调的重要方面。政府、社会组织、社区、居民作为社区治理的多元主体，在推动邻里互助养老发展过程中应建立良好的合作关系。在以基层党建为主导的社区邻里互助养老服务体系的构建过程中，基层党组织以其行政资源推动邻里互助养老的发展。基层党组织促进政府、社区自组织、社会工作组织开展合作、发挥作用、强化合作关系。基层党组织应转变原有的工作思路，寻求与其他主体合作共赢的策略，为各个主体的合作提供机会和平台，消除原有的行政化倾向，探索有效的治理方式。在多元共治的背景下，社区应发掘内部力量和资源，从而更好地实现邻里互助养老的目的。

其次，发挥党员的模范带头作用，带动具有积极性的居民参与其中，提升社区的互助养老实践能力。

社区互助养老实践能力的提升需要有正确的方向，志愿人员的支持是主要渠道。社区基层党建以整合社区党员资源为主要方式，引领社区开展互助养老活动。但由于党员数量有限，服务供给有限，社区需要寻求其他支持，提升互助养老实践能力。因此，在开展基层党建活动时，社区应设置和增加以互助服务为主题的活动，并以党员楼长和党员志愿者为核心，通过党员参与互助活动，向居民展现党员在互助活动中的模范带头作用。党员以互助活动为出发点，带动社区内具有积极性的居民参与到社区互助活动中。

最后，发挥社区自组织在邻里互助养老中的重要作用。

基层党建明确指引着社区治理的总体方向，引导和鼓励社区自组织进行互动并参与社区治理，构建财力支撑机制，强化分类指导与管理，加强社区自组织能力建设，建立有效的监督机制等。[①] 在社区治理过程中，政府倾向于保护和完善公民和社会的自发组织。而作为政府代表的基层党组织，应引导和鼓励社区自组织在推动邻里互助养老发展的过程中发挥重要作用。社区自组织在被重视的基础上能够朝更好的方向发展，能够发挥重要作用。

（二）重视社区自组织的作用，生成社区内部组织资源

社区应重视社区自组织的重要性，支持社区自组织的建设与发展，鼓励社区自组织发掘与整合资源，充分发挥社区自组织的作用。社区自组织应协同其他治理主体，共同完善社区邻里互助养老体系，推进社区邻里互助养老的发展。

首先，明确社区自组织在社区邻里互助养老中的重要作用。

社区自组织需要寻找到有效的途径，才能推动社区邻里

① 康晓强：《社区社会组织研究：回眸与展望》，载《社团管理研究》2009年第10期。

互助养老发展。面对社区公共性衰落的困境，研究者们提出了相应的建议，认为应以居民为主体，走出公共性转型的困境，为居民生活共同体的构建创造条件，发挥社区自组织的功能，尤其是发挥内生型组织的功能，发挥积极分子的带动作用，整合原有组织，建立新组织。参加各种兴趣类的组织可以提高居民的组织化程度。也就是说，如果社区存在较多的兴趣类组织，那么这对于社区治理是有促进作用的。这是社区邻里互助养老组织化治理的基础。

其次，加强对老年人自组织互助实践的保障作用。

强化老年人自组织在提供互助养老服务方面的载体作用，就需要社区提供强有力的保障。有研究者对各类社区组织的培养和管理进行了分析，认为社区组织的培育需要政府、社区等合力完成。[①] 社区在互助养老过程中扮演着主要角色，为互助养老的长效发展提供资源并进行管理。为了保证老年人自组织的互助养老实践的长效性，社区可以进行引导和示范，在场地、资金等方面提供支持。有了社区的支持和保障，老年人自组织会积极推动互助养老的发展。另外，老年人自组织在与社区其他自组织建立关系时也需要社区搭建平台。

最后，积极促进老年人自组织及其成员互助能力的提升。

社区自组织参与互助养老的能力主要体现在整合互助资源、倡导互助价值，以及协调与其他主体的合作关系等方面。同辈之间的支持和鼓励是获得支持的一个重要途径，老年人之间相互帮助是养老服务中大部分服务的重要来源。老年人

---

① 陈耀：《社区组织建设：构建和谐社区的有效路径》，载《东南学术》2007 年第 5 期。

自组织既是服务对象，又是被服务对象。老年人自组织服务能力的提升有利于提升社区的服务供给水平，也有利于为自组织成员带来好处。这是老年人人力资源活化的一种反映。

社区自组织中的老年人应共建和共享互助价值观，把互助价值观内化到日常生活的互助活动中，认可并愿意参加互助活动。同时，社区应为老年人建立和共享互助价值观提供必要的物质支持和人力支持，如营造互助氛围、开展互助活动等。

社区应根据老年人的工具性需求、信息性需求和情感性需求，社区需要提供相应的培训和学习机会，使老年人获得相应的知识和技巧，使老年人在互助过程中发挥积极的作用。

社区可以发挥社区自组织中“积极分子”的带动作用。社区可以通过“积极分子”发动社区自组织中的老年人，激发老年人对互助养老的兴趣，鼓励老年人成为邻里互助养老的一员。

社区应为社区自组织赋权和赋能，使其拥有与其他组织进行沟通、协调的权利和能力。通过赋权与赋能，社区自组织可以在社区公共事务方面发挥积极性，成为社区公共事务治理的积极参与者，而不是社区活动的被参与者，参与到社区公共事务的讨论和协商过程中，并吸引其他主体参与其中，协调与多元主体的合作关系。

（三）提升社会组织的互助能力，形成外部资源

以多元主体治理为背景的社区治理要求社会组织参与其中。社会组织参与是形成治理格局的一个基本前提，也是社

区治理的关键特征。社会组织能够通过各种服务活动打通居民和社区的组织化通道。如果社会组织的互助能力不足，则会影响社区邻里互助养老组织化目标的实现。因此，社会组织应提升互助能力，为社区邻里互助养老的发展提供丰富的外部资源。

第一，建立党建引领下社会组织与其他主体的合作机制。

社会组织往往由行政力量引入社区开展服务活动。有些社会组织无法与社区居民形成合作关系。社会组织应打破互助主体之间不合作的状态，建立新的合作机制。社会组织在由政府引入社区开展服务活动时，在服务设计和安排中应引入党建因素，在开展服务活动时把社区中的党员志愿者发动起来，通过党员志愿者与社区、居民建立桥梁，党员志愿者作为多元主体之间的中间人，是社会组织开展服务的引领人，同时也是社区与居民的联系人。这样，通过社区党员志愿者发挥引领作用，社会组织能够迅速地被社区居民熟悉和认可，进而顺利地开展服务活动。

第二，将社会组织的服务嵌入居民的生活中和社区日常服务中。

为了提高社会组织的动员能力和协调能力，社会组织所提供的服务应与社区居民的日常生活和社区的日常服务紧密结合起来。这就要求社会组织在提供各种服务时应关注社区居民和社区居委会的需求。社会组织应按照这些需求进行服务设计和内容安排，与社区、居民进行真正的合作。社会组织应从把握社区居民的生活轨迹入手，了解社区居民的需求，结合邻里互助养老组织化的相关理论，做好服务计划，设计以生活为本的服务方案，成为社区发展不可替代的重要依托力量。

第三，提升社会组织的实践能力和互助能力。

社会组织在开展互助养老服务时，应把理论研究、实践经验和社区差异性结合起来，借鉴已有经验，因地制宜地设计服务方案和服务计划，提升实践能力。社会组织应在开展互助养老服务时有意识地提升互助能力。服务计划和内容应涉及互助。

从总体上来看，各主体在社区互助资源的发掘和整合方面贡献力量，使社区邻里互助养老做好预阶段的准备并迈入新的发展阶段。

二、重视邻里互助养老预阶段：推进阶段递进式社区治理

（一）识别邻里互助养老所处的发展阶段，补充所需条件

社区治理的阶段性特征要求识别邻里互助养老所处的发展阶段，并根据所处阶段补充组织化治理所需要的条件，推动邻里互助养老发展。由于不同社区的邻里互助养老组织化治理水平不同，邻里互助养老的发展阶段存在差异，邻里互助养老所需要的条件也存在差异。因此，识别社区邻里互助养老的发展阶段，是促进社区邻里互助养老发展的首要任务。同时，我们还需要对识别标准和指标进行完善。根据对社区邻里互助养老组织化治理阶段的认识，我们需要对制度化支

持、互助价值、互助行为、互助组织等进行考察，结合社区党建引领效果、互助氛围营造程度、互助行为增加情况、互助组织能力提升情况对邻里互助养老所处的发展阶段进行分析。只有明确社区邻里互助养老所处的发展阶段，才能在治理过程中选择有效的策略。

在此基础上，我们进一步构建相应的调查和分析框架，从整体上把握社区邻里互助养老组织化治理缺失的条件。在补充所需条件时，社区需结合资源的存量和现状，发掘和利用资源，推进邻里互助养老的发展。社区还需要对预阶段进行识别，重视预阶段的基础性作用。

（二）多元主体参与邻里互助养老预阶段的治理，做好社区治理准备

在强调多元主体参与社区治理的背景下，多元主体参与预阶段的治理成为重要的研究内容。政府、社区、居民、物业、社会组织等的参与，无疑会加快实现邻里互助养老预阶段的目标。

社区治理需要利益相关主体共同参与。利益相关主体提高解决问题的能力，共同应对和解决社区难题。这也是社区治理能力的体现。社区养老问题需要多元主体共同解决。社区需要形成党建引领下的多元主体参与机制。多元主体应积极行动，分工合作，构建合作机制。政府对互助养老进行顶层设计，使全社会意识到互助养老问题，在社区安排和布置相应的任务。社区和物业针对预阶段解决各种问题。居民积极主动地参与互助养老活动，成为互助养老的支持者，提供

相应的资源。这样，多元主体形成分工合作的机制，做好各自的工作，提供资源，为邻里互助养老的组织化治理做好准备。

（三）重视邻里互助养老组织化治理预阶段，推进阶段递进式社区治理

预阶段是社区邻里互助养老组织化治理的逻辑起点，是社区邻里互助养老组织化治理过程中不可或缺的环节。对预阶段的重视应体现在治理策略上。社区应采取循环上升式的治理方式，在整体把握邻里互助养老发展阶段的基础上，实现不同阶段的目标。

预阶段的治理不是一蹴而就的，需要长期且漫长的过程。社区应重视预阶段的基础性作用，从整体上把握处于不同发展阶段的邻里互助养老实践，实现邻里互助养老组织化治理目标。

三、社区日常生活场景治理：夯实邻里互助的发展阶段

解决现实问题需要扎根于现实生活。我们强调“生活为本”的逻辑与“生活型”服务视角。社区应将经济社会的宏观趋势与自身的环境、文化联系起来，进行整体化治理。社区日常生活场景治理需要遵循以下原则：第一，考虑与场景相关的利益相关者；第二，保持灵活变通；第三，以赋权作为衡量成功的标准；第四，实现特定的目标，提升组织能力；

第五，与居民进行交流，倾听他们的建议。社区日常生活场景为社区治理提供了框架。社区应依托这些原则，按照发现场景、分析场景、重视场景的路线，立足于日常生活，把多元主体引入其中，适时调整治理策略，以社区场景治理为手段，实现社区组织化治理目标。

（一）重视社区已有的互助场景，为其发展提供条件

社区场景蕴含着特定的价值和文化。这些价值和文化对于推动邻里互助养老发展具有重要影响。真实性是场景的一个重要维度。“太阳角”和“三号院”正是真实性的体现，是社区居民日常生活的缩影，是社区居民基于对生活的理解和对需求的满足而创建出来的空间，也因此具有了合法性。在社区场景中，居民进行互动交往，增加情感联系，对正确或错误行为进行判断。在判断的过程中，居民之间就形成了相互依赖的价值认同。因此，社区应重视已有的互助场景，为其发展创造相应的条件。这是社区在治理过程中应关注的内容。

首先，政府、社区、物业和居民对社区互动空间的创建进行协商。在社区互动空间的创建中，如果居民的主体角色被忽略，则会导致社区互动空间不符合居民的交往需求，也会导致社区互助行为减少。因此，社区空间的开发和利用需要经过政府、社区、物业和居民协商。社区需要尊重居民的意见，创建有利于居民互动交往的空间，进一步增加邻里互助行为。

其次，相关主体提供支持，对社区空间进行设计和调整。

社区邻里互助养老的利益相关主体参与到社区空间的开发和创建中，为社区空间的创建提供相应的支持。在空间条件充足的情况下，社区可以结合老年人对空间的需求，为老年人规划互动空间，如社区活动中心等。如果空间条件不充足，社区可以创造能够被灵活利用的空间，如楼边、居民家等。政府、社区和物业都需要为互动空间的创建提供便利条件，对互动空间进行科学规划。总之，社区应主动为老年人营造互动空间，营造友好型的环境。

最后，发掘社区“积极分子”，为创建社区互动空间提供支持力量。社区互动空间需要“积极分子”进行维持。社区“积极分子”不仅能够带动其他居民进行互助，而且能够保证社区互动空间持续存在。

对社区互动空间的创建能够显示出社区居民在日常生活中的选择倾向。社区只有将互动空间的创建与居民的日常生活结合起来，采取生活化策略，才能真正地动员居民，进而推动邻里互助养老的发展。

（二）倾听居民对社区互助养老发展的建议，构建邻里互助新场景

场景治理强调发挥社区居民的积极性，也强调满足社区居民的需求。社区居民在推动邻里互助养老发展方面具有决定性的影响。社区邻里互助养老的发展需要居民提出自己的建议并提供支持。社区居民关于邻里互助养老的建议是十分重要的，是构建邻里互助新场景的基础。为了便于倾听居民的建议，社区可以从以下三个方面着手。首先，确保居民充

分了解邻里互助养老的内涵和价值，为居民表达建议赋能。社区可以通过采取一定的宣传手段和活动方式，使居民初步认识互助养老的目的，引起居民对互助养老的反思和讨论。其次，为居民搭建表达建议的平台。社区可以通过微信、网站和公众号等线上的方式为居民搭建表达建议的平台。社区也可以在线下通过开展服务活动、宣传活动、节假日活动等方式为居民提供表达建议的机会，为邻里互助养老的发展创造条件。最后，保障居民表达建议的持续性。除提供相应的平台和机会之外，社区还需要持续性地保障居民享有表达建议的机会，形成长效机制，使居民相信可以通过表达建议来推动邻里互助养老的发展。

（三）多元主体参与互助价值培育

多元主体参与互助价值培育对于推动邻里互助养老发展具有重要意义。居民的参与应以共享价值为基础，这是解决社区参与难题的重要思路。研究者认为，社区应以价值共享为基础，推动各项互助活动顺利开展。在多元主体参与社区治理的背景下，政府、社会组织、社区、居民都会参与到治理过程中。为了促进邻里互助养老持续发展，多元主体需要在互助价值培育方面做出努力。社区互助价值培育的思路主要有以下三种。

第一种是依托政府及相关部门，在制度层面重视和推动互助价值的培育。政府及相关部门在社区范围内进行互助价值的宣传，在制度层面对互助价值进行倡导，出台相应的政策。同时，政府及相关部门可以引导社区进行全方位布局，针对不同年龄层次进行合理安排，首先以社区老年人为主，先进行互助价值的培育，解决互助养老参与和服务支持问题；然后扩展到各年龄层次，对儿童、青年、中年进行互助价值的培育，使他们形成一定的互助价值观。这样，随着时间的推移，已经具备互助价值观的居民对互助养老的支持会更持久。

第二种是利用社区居委会和社区自组织，进行互助价值培育。主要途径是整合社区已有的组织资源，形成社区资源“备用库”。社区是生活价值形成的场所。在促进互助价值培育的过程中，社区居委会从社区日常工作的目标设定入手，增强社区活动与互助价值的关联性，进行常态化的价值培育。社区自组织通过开展活动，增加老年人的知识，提高老年人的技能，宣传社区互助价值。社区通过长期地、持续地开展蕴含互助价值的活动，促使居民形成并认同互助价值。

第三种是依托社会工作组织，开展体现互助价值的实践活动。在研究社区建设和社区发展的过程中，很多研究者肯定了社会工作组织的重要作用。社会工作组织扮演着协助者的角色，可以通过开展各种实践活动来宣传互助价值。多元化的社会工作组织所开展的实践活动具有多种多样的类型。社会工作组织通过开展阶段性的实践活动传递互助价值，使参与其中的社区居民对互助价值进行内化，从而实现推动邻里互助养老发展的目的。

综上所述，在明确互助价值重要性的基础上，社区应依托政府、社区居委会、社区自组织和社会工作组织等进行互助价值培育，采取适宜的治理手段，发掘和利用组织资源，开展各种彰显互助价值的活动，促进多元主体对互助价值的认同，进而提供可以满足老年人健康服务、心理慰藉、社会交往、日间照护等方面需求的互助支持服务。

结语

邻里互助养老成为我们解决城市养老问题的重要方式。城市社区邻里互助养老的发展还存在一定的障碍。我们从社区治理的角度，对社区邻里互助养老组织化治理的基础性条件进行分析，从制度、互助价值、互助基础、互助组织等方面进行研究，旨在挖掘邻里互助养老的深层意蕴和价值，为后续研究提供一定的借鉴。

社区互助资源的发掘和整合是邻里互助养老组织化治理的基础性策略。社区互助资源只有为居民所用，才能推动邻里互助养老持续发展。预阶段治理是社区邻里互助养老组织化治理的过程性策略。“打有准备之仗”是预阶段的应有之义，体现了对邻里互助养老的独特认识。重视并识别预阶段是推动邻里互助养老发展的重要方面。日常生活场景治理是社区邻里互助养老组织化治理的主要策略，它凸显了社区日常生活的基础性作用。

在对城市社区邻里互助养老进行调查和分析的基础上，我们认为，首先要发掘、利用和整合社区已有的互助资源，发挥多元主体的作用，推动邻里互助养老发展；其次要识别社区邻里互助养老组织化治理的预阶段，在重视预阶段的基础上，采取有效的治理策略；最后要进行社区日常生活场景治理，营造良好的社区氛围，保护社区已有的场景，营造新的互助场景，从而实现社区邻里互助养老组织化治理的目标。

总之，城市社区邻里互助养老的组织化治理是一个漫长且循环的过程，不能忽视任何一个环节和条件。

参考文献

一、中文文献

[1]桂勇. 邻里空间:城市基层的行动、组织与互动[M]. 上海:上海书店出版社,2008.

[2]柯武刚,史漫飞. 制度经济学:社会秩序与公共政策[M]. 韩朝华,译. 北京:商务印书馆,2000.

[3]凯瑟琳·麦金尼斯-迪特里克. 老年社会工作:生理、心理及社会方面的评估与干预[M]. 2 版. 隋玉杰,译. 北京:中国人民大学出版社,2008.

[4]W. 理查德·斯科特. 制度与组织:思想观念、利益偏好与身份认同[M]. 4 版. 姚伟,等,译. 北京:中国人民大学出版社,2020.

[5]陆军,等. 营建新型共同体:中国城市社区治理研究[M]. 北京:北京大学出版社,2019.

[6]芦原义信. 外部空间设计[M]. 尹培桐,译. 南京:江苏凤凰文艺出版社,2017.

[7]彭希哲,梁鸿,程远. 城市老年服务体系研究[M]. 上海:上海人民出版社,2006.

[8]梅陈玉婵,林一星,齐铱. 老年社会工作:从理论到实践[M]. 2 版. 上海:格致出版社,上海人民出版社,2017.

[9]W·理查德·斯科特,杰拉尔德·F·戴维斯. 组织理论:理性、自然与开放系统的视角[M]. 高俊山,译. 北京:中国人民大学出版社,2011.

[10]孙莉莉,伍嘉冀.城市社区治理中的居民自治:实践探索与演进[M].上海:上海交通大学出版社,2019.

[11]王德福.治城:中国城市及社区治理探微[M].桂林:广西师范大学出版社,2021.

[12]吴忠民.渐进模式与有效发展——中国现代化研究[M].北京:东方出版社,1999.

[13]徐永祥.社区发展论[M].修订版.上海:华东理工大学出版社,2021.

[14]丹尼尔·亚伦·西尔,特里·尼克尔斯·克拉克.场景:空间品质如何塑造社会生活[M].祁述裕,吴军,等译.北京:社会科学文献出版社,2019.

[15]郑杭生,李强,等.社会运行导论——有中国特色的社会学基本理论的一种探索[M].北京:中国人民大学出版社,1993.

[16]扬·盖尔.交往与空间[M].何人可,译.4版.北京:中国建筑工业出版社,2002.

[17]蔡静诚,熊琳."营造"社会治理共同体——空间视角下的社区营造研究[J].社会主义研究,2020(4):103-110.

[18]曹海军.党建引领下的社区治理和服务创新[J].政治学研究,2018(1):95-98.

[19]曹海军,鲍操.社区治理共同体建设——新时代社区治理制度化的理论逻辑与实现路径[J].理论探讨,2020(1):12-18.

[20]崔月琴. 转型期中国社会组织发展的契机及其限制[J]. 吉林大学社会科学学报,2009,49(3):20-26.

[21]崔月琴,袁泉. 社会管理的组织化路径——社区民间组织的"均衡化"发展[J]. 社会科学战线,2011(10):178-185.

[22]崔月琴,张译文. 双重赋能:社区居委会治理转型路径研究——基于X社区社会组织服务中心实践的分析[J]. 清华大学学报(哲学社会科学版),2022,37(2):175-184,217.

[23]陈锋. 论基层政权的"嵌入式治理"——基于鲁中东村的实地调研[J]. 青年研究,2011(1):23-32,94-95.

[24]陈功,黄国桂. 时间银行的本土化发展、实践与创新——兼论积极应对中国人口老龄化之新思路[J]. 北京大学学报(哲学社会科学版),2017,54(6):111-120.

[25]陈功,索浩宇,张承蒙. 共建共治共享的社会治理格局创新——时间银行的可行路径分析[J]. 人口与发展,2021,27(1):16-24.

[26]陈功,王笑寒. 我国"时间银行"互助养老模式运行中的问题及对策研究[J]. 理论学刊,2020(6):132-140.

[27]陈洪涛,王名. 社会组织在建设城市社区服务体系中的作用——基于居民参与型社区社会组织的视角[J]. 行政论坛,2009,16(1):67-70.

[28]陈家喜. 反思中国城市社区治理结构——基于合作治理的理论视角[J]. 武汉大学学报(哲学社会科学版),2015,68(1):71-76.

[29]陈建国. 城市社区事务治理与合作型权力结构重塑[J]. 理论探索,2021(4):71-77.

[30]陈竞. 邻里互助网络与当代日本社会的养老关怀[J]. 中南民族大学学报(人文社会科学版),2008,28:106-109.

[31]陈静,江海霞. "互助"与"自助":老年社会工作视角下"互助养老"模式探析[J]. 北京青年政治学院学报,2013,22(4):36-43.

[32]陈敏. 城市空间微更新之上海实践[J]. 建筑学报,2020(10):29-33.

[33]陈晓彤,李光耀,谭正仕. 社区微更新研究的进展与展望[J]. 经济社会体制比较,2019(3):185-191.

[34]陈茗,林志婉. 城市老年人参与社会公益活动的意愿及其影响因素[J]. 人口学刊,2004(3):30-34.

[35]陈鹏. 城市社区治理:基本模式及其治理绩效——以四个商品房社区为例[J]. 社会学研究,2016,31(3):125-151,244-245.

[36]陈伟东,李雪萍. 社区治理与公民社会的发育[J]. 华中师范大学学报(人文社会科学版),2003,42(1):27-33.

[37]陈毅,阚淑锦. 党建引领社区治理:三种类型的分析及其优化——基于上海市的调查[J]. 探索,2019(6):110-119.

[38]陈耀. 社区组织建设:构建和谐社区的有效路径[J]. 东南学术,2007(5):123-128.

[39]丁魁礼,贺静. 城市老旧小区适老化微更新的政策创

新研究[J].广州大学学报(社会科学版),2020,19(1):109-116.

[40]杜鹏.动员型组织的日常化:农村老年人协会的运作逻辑与演变路径——基于湖北 W 村老年人协会的个案研究[J].南京农业大学学报(社会科学版),2016,16(4):30-43,155-156.

[41]窦影.老年长期照护服务体系完善与社会资本干预——基于失智症老年人的分析[J].社会保障研究,2017(4):63-69.

[42]窦影.社区治理视角下城市老年人邻里互助养老"预阶段"的发展路径研究[J].云南民族大学学报(哲学社会科学版),2020,37(5):83-87.

[43]方亚琴,夏建中.社区治理中的社会资本培育[J].中国社会科学,2019(7):64-85,205-206.

[44]甘满堂,娄晓晓,刘早秀.互助养老理念的实践模式与推进机制[J].重庆工商大学学报(社会科学版),2014,31(4):78-85.

[45]高和荣,张爱敏.中国传统民间互助养老形式及其时代价值——基于闽南地区的调查[J].山东社会科学,2014(4):42-46.

[46]高红,朴贞子.三元整合的社会组织能力培育机制构建及其制度支持[J].学习与实践,2015(6):97-104.

[47]桂勇,黄荣贵.社区社会资本测量:一项基于经验数据

的研究[J].社会学研究,2008(3):122-142,244-245.

[48]国夫.消失的“小尺度”[J].广西城镇建设,2013(4):24-27.

[49]韩承鹏.标语口号的功能研究[J].思想理论教育,2008(15):56-61.

[50]何晖.政府主导型农村互助养老:衍生逻辑·实践框架·路径取向[J].吉首大学学报(社会科学版),2021,42(4):69-79.

[51]贺雪峰.互助养老:中国农村养老的出路[J].南京农业大学学报(社会科学版),2020,20(5):1-8.

[52]胡湛,彭希哲.发展型福利模式下的中国养老制度安排[J].公共管理学报,2012,9(3):60-70,125-126.

[53]胡湛,彭希哲.应对中国人口老龄化的治理选择[J].中国社会科学,2018(12):134-155,202.

[54]胡重明.再组织化与中国社会管理创新——以浙江舟山“网格化管理、组团式服务”为例[J].公共管理学报,2013,10(1):63-70,140.

[55]黄晓春,周黎安.政府治理机制转型与社会组织发展[J].中国社会科学,2017(11):118-138,206-207.

[56]纪莺莺.当代中国的社会组织:理论视角与经验研究[J].社会学研究,2013(5):219-241,246.

[57]金华宝.社区互助养老:解决我国城乡养老问题的理性选择[J].东岳论丛,2014,35(11):123-127.

[58]金华宝. 发达国家互助养老的典型模式与经验借鉴[J]. 山东社会科学,2019(2):52-58.

[59]景军,赵芮. 互助养老:来自“爱心时间银行”的启示[J]. 思想战线,2015,41(4):72-77.

[60]康晓强. 社区社会组织研究:回眸与展望[J]. 社团管理研究,2009(10):40-43.

[61]康晓强. 社区社会组织与社区治理结构转型[J]. 北京工业大学学报(社会科学版),2012,12(3):22-25,34.

[62]李海东. 黑龙江泰来县:打造农村互助养老新模式[J]. 中国民政,2018(21):22.

[63]李培志. 引导与自觉:城市社区社会组织参与社区治理的路径分析[J]. 中州学刊,2019(6):79-85.

[64]杨静慧. 互助养老模式:特质、价值与建构路径[J]. 中州学刊,2016(3):73-78.

[65]李强,葛天任. 社区的碎片化——Y 市社区建设与城市社会治理的实证研究[J]. 学术界,2013(12):40-50,306.

[66]李威利. 党建引领的城市社区治理体系:上海经验[J]. 重庆社会科学,2017(10):34-40.

[67]李雪萍,陈艾. 社区组织化:增强社区参与达致社区发展[J]. 贵州社会科学,2013(6):150-155.

[68]李俏,孙泽南. 农村互助养老的衍生逻辑、实践类型与未来走向[J]. 中南民族大学学报(人文社会科学版),2021,41(10):98-107.

[69]刘慧君. 老年友好型家庭与社区环境的优化路径[J]. 国家治理,2021(39):20-24.

[70]吕铁林,徐红曼.“单位人”再组织化:城市社区治理新模式——以东北老工业基地S单位型社区为例[J]. 北华大学学报(社会科学版),2018,19(2):68-74.

[71]林艳,陈章明. 社会互动与老年人生活满意度相关性研究[J]. 中国老年学杂志,2007,27(12):1196-1197.

[72]刘西国. 发展型福利视角下中国农村养老制度安排[J]. 行政管理改革,2015(10):53-57.

[73]李友梅. 社区治理:公民社会的微观基础[J]. 社会,2007,27(2):159-169,207.

[74]李宗华,李伟峰,高功敬. 城市老年人社区参与意愿的影响因素分析[J]. 山东社会科学,2011(3):112-117.

[75]刘妮娜. 中国农村互助型社会养老的类型与运行机制探析[J]. 人口研究,2019,43(2):100-112.

[76]刘妮娜. 中国城市互助型社会养老——定位、模式与路径[J]. 社会发展研究,2020,7(3):173-192,245.

[77]刘妮娜. 从互助养老到互助共同体:现代乡村共同体建设的一种可行路径[J]. 云南民族大学学报(哲学社会科学版),2021,38(2):109-117.

[78]刘妮娜,杜鹏. 中国互助型社会养老的定位及发展方向[J]. 浙江工商大学学报,2022(3):140-153.

[79]刘开君,卢芳霞. 再组织化与基层社会治理创新——

以“枫桥经验”为分析案例[J]. 治理研究,2019,35(5):98-104.

[80]刘苹苹. 建立宜居社区与“多代屋”——中国应对人口老龄化问题的路径选择[J]. 人口学刊,2013,35(6):47-53.

[81]陆杰华,林嘉琪. 重度老龄化社会的人口特征、风险识别与战略应对[J]. 中国特色社会主义研究,2023(1):59-68.

[82]孟丹诚,徐磊青. 基于场景理论的健康社区营造[J]. 南方建筑,2021(3):36-44.

[83]马静,施维克,李志民. 城市住区邻里交往衰落的社会历史根源[J]. 城市问题,2007(3):46-51.

[84]欧旭理,胡文根. 中国互助养老典型模式及创新探讨[J]. 求索,2017(11):124-130.

[85]潘泽泉. 参与与赋权:基于草根行动与权力基础的社区发展[J]. 理论与改革,2009(4):69-72.

[86]彭希哲,胡湛. 公共政策视角下的中国人口老龄化[J]. 中国社会科学,2011(3):121-138,222-223.

[87]裴晓梅,王浩伟,罗昊. 社会资本与晚年健康——老年人健康不平等的实证研究[J]. 广西民族大学学报(哲学社会科学版),2014,36(1):17-24.

[88]彭善民,张宇莲,马志勇,等. 都市社会工作资源整合模式探索——以上海 A 区社区青少年社会工作的实践为例[J]. 华东理工大学学报(社会科学版),2007(1):35-38.

[89]钱坤. “日常生活”治理:城市治理的转型方向与实践

机制[J]. 当代经济管理,2022,44(3):75-80.

[90]邱红,魏雅鑫. 我国老年人参与社会活动及影响因素分析[J]. 人口学刊,2020,42(5):73-82.

[91]师林,孔德永. 制度—效能:基层党建引领社区治理的创新实践——以天津市"战区制、主官上、权下放"模式为例[J]. 中共天津市委党校学报,2020,22(1):16-24.

[92]隋玉杰. 城市社区治理结构:三种理论视角的探讨[J]. 探索,2014(4):131-134.

[93]苏铎,徐丽,刘黎明. 北京市互助居家养老志愿者幸福感研究[J]. 合作经济与科技,2020(8):160-164.

[94]孙萍. 中国社区治理的发展路径:党政主导下的多元共治[J]. 政治学研究,2018(1):107-110.

[95]沈洁. 浅论"生活型"社会政策[J]. 社会政策研究,2017(1):53-60.

[96]沈迁. 党建嵌入社区网格化治理:实践形态、运行机制与内在逻辑[J]. 中共福建省委党校(福建行政学院)学报,2022(1):63-73.

[97]宋言奇. 城市社区邻里关系的空间效应[J]. 城市问题,2004(5):47-50.

[98]石大建,李向平. 资源动员理论及其研究维度[J]. 广西师范大学学报(哲学社会科学版),2009,45(6):22-26.

[99]童敏. 重拾生活:社会工作的本质回归与理论重构[J]. 社会科学辑刊,2021(6):44-50.

[100]谭祖雪,张江龙.赋权与增能:推进城市社区参与的重要路径——以成都市社区建设为例[J].西南民族大学学报(人文社会科学版),2014,35(6):57-61.

[101]田毅鹏,刘凤文竹.单位制形成早期国营企业的"参与性动员"[J].山东社会科学,2020(8):60-68.

[102]田毅鹏."典型单位制"的起源和形成[J].吉林大学社会科学学报,2007,47(4):56-62.

[103]万谊娜.社区治理视角下互助养老模式中社会资本的培育——基于美国"村庄运动"的经验[J].西北大学学报(哲学社会科学版),2019,49(4):104-113.

[104]黄文娟.城市空巢老年人社区互助养老团体建设初探[J].老龄科学研究,2017,5(5):26-34.

[105]王芳,李和中.城市社区治理模式的现实选择[J].中国行政管理,2008(4):68-69.

[106]王海荣,闫辰.党建引领城市社区治理创新:问题与发展[J].中共福建省委党校学报,2018(2):46-55.

[107]王德福.催化合作与优化协作:党建引领社区治理现代化的实现机制[J].云南行政学院学报,2019,21(3):13-20.

[108]王瑞华.社区自组织能力的有机构成及其提升途径[J].四川大学学报(哲学社会科学版),2007(2):101-105.

[109]王欢明,刘馨.从合作生产转向价值共创:公共服务供给范式的演进历程[J].理论与改革,2023(5):138-154,172.

[110]王连花.从各个历史时期党的标语口号看党史文化

的发展[J]. 湖北行政学院学报,2013(1):56-61.

[111]王国伟. 资源动员:城市社区公共服务资源获得机制研究[J]. 学术探索,2010(2):94-99.

[112]王春光. 社会治理"共同体化"的日常生活实践机制和路径[J]. 社会科学研究,2021(4):1-10.

[113]王伟进. 互助养老的模式类型与现实困境[J]. 行政管理改革,2015(10):63-68.

[114]王欣,杨君. 再组织化、公共性与社区治理[J]. 长白学刊,2017(1):126-132.

[115]王学梦. 1949 年以来我国城市社区代理人角色生成与嬗变——以杭州市上城区为分析单位[J]. 理论月刊,2021(3):108-118.

[116]王竹,孟静亭,裘知. 基于邻里互助的国外社区社会组织及空间模式研究评述[J]. 建筑与文化,2019(9):49-51.

[117]王承慧. 走向善治的社区微更新机制[J]. 规划师,2018,34(2):5-10.

[118]王振振,李敏,雍岚. 供给视角下老年人参与社区互助养老意愿影响因素研究——基于安德森(Andersen)行为模型的实证研究[J]. 社会保障研究(北京),2017,25(1):101-112.

[119]魏娜. 我国城市社区治理模式:发展演变与制度创新[J]. 中国人民大学学报,2003(1):135-140.

[120]文军. 中国社会组织发展的角色困境及其出路[J].

江苏行政学院学报,2012(1):57-61,67.

[121]吴春梅,吴涵.新时代如何应对农村老年人的互助之困?[J].华中师范大学学报(人文社会科学版),2021,60(5):12-20.

[122]吴海红,郭圣莉.从社区建设到社区营造:十八大以来社区治理创新的制度逻辑和话语变迁[J].深圳大学学报(人文社会科学版),2018,35(2):107-115.

[123]吴军.城市社会学研究前沿:场景理论述评[J].社会学评论,2014,2(2):90-95.

[124]吴军.场景理论:利用文化因素推动城市发展研究的新视角[J].湖南社会科学,2017(2):175-182.

[125]吴香雪,杨宜勇.社区互助养老:功能定位、模式分类与机制推进[J].青海社会科学,2016(6):104-111.

[126]吴晓林,郝丽娜."社区复兴运动"以来国外社区治理研究的理论考察[J].政治学研究,2015(1):47-58.

[127]夏建中.治理理论的特点与社区治理研究[J].黑龙江社会科学,2010(2):125-130,4.

[128]向德平.社区组织行政化:表现、原因及对策分析[J].学海,2006(3):24-30.

[129]徐道稳.社会基础、制度环境和行政化陷阱——对深圳市社区治理体制的考察[J].人文杂志,2014(12):117-124.

[130]许加明."时间银行"模式应用于居家养老互助服务的思考[J].社会工作,2015(1):74-80,126-127.

[131]徐建宇. 城市社区治理中社区组织化的连接、选择与策略研究[J]. 中国行政管理,2019(9):67-72.

[132]徐俊,刘丽杭. 老龄群体参与互助养老服务的观念溯源与建构路径选择[J]. 新疆社会科学,2021(5):153-161,164.

[133]徐选国,杨彬. 整合式公益服务:社区治理创新的一种解释框架——以上海杨街公益召集令为例[J]. 中国非营利评论,2021,28(2):268-286.

[134]徐延辉,龚紫钰. 城市社区利益相关者:内涵、角色与功能[J]. 湖南师范大学社会科学学报,2014,43(2):104-111.

[135]徐永祥. 社会的再组织化:现阶段社会管理与社会服务的重要课题[J]. 教学与研究,2008(1):24-29.

[136]许源源,朱敏青. 养老服务中多元合作供给的困境与出路——基于组织整合的视角[J]. 湘潭大学学报(哲学社会科学版),2021,45(1):45-51.

[137]徐正,毛佩瑾,赵小平. 居民参与社区社会组织的影响因素[J]. 城市问题,2015(7):85-89.

[138]徐迪,赵连章. 社区治理中基层党组织建设的功能、挑战与对策[J]. 社会科学战线,2015(9):264-267.

[139]颜德如,张树吉. 组织化过程中政策工具与组织协作的协同关系分析——基于1989—2019年城市社区服务的政策文本研究[J]. 上海行政学院学报,2021,22(1):83-97.

[140]燕继荣. 社区治理与社会资本投资——中国社区治理创新的理论解释[J]. 天津社会科学,2010(3):59-64.

[141]闫臻.城市社区组织化治理:自上而下的科层制嵌入与横向联系的扁平化合作[J].人文杂志,2018(5):120-128.

[142]闫臻.共生型社区治理的制度框架与模式建构——以天津KC社区三社联动为例[J].中国行政管理,2019(7):62-66.

[143]严志兰,邓伟志.中国城市社区治理面临的挑战与路径创新探析[J].上海行政学院学报,2014,15(4):40-48.

[144]杨贵华.城市社区自组织能力及其指标体系[J].社会主义研究,2009(1):72-77.

[145]杨贵华.转换居民的社区参与方式,提升居民的自组织参与能力——城市社区自组织能力建设路径研究[J].复旦学报(社会科学版),2009(1):127-133.

[146]杨爱平,余雁鸿.选择性应付:社区居委会行动逻辑的组织分析——以G市L社区为例[J].社会学研究,2012(4):105-126,243-244.

[147]杨磊,许晓东.市域社会治理的问题导向、结构功能与路径选择[J].改革,2020(6):19-29.

[148]杨君,徐永祥,徐选国.社区治理共同体的建设何以可能?——迈向经验解释的城市社区治理模式[J].福建论坛(人文社会科学版),2014(10):176-182.

[149]杨敏.公民参与、群众参与与社区参与[J].社会,2005(5):78-95.

[150]杨敏.作为国家治理单元的社区——对城市社区建

设运动过程中居民社区参与和社区认知的个案研究[J].社会学研究,2007(4):137-164,245.

[151]杨妍,王江伟.基层党建引领城市社区治理:现实困境 实践创新与可行路径[J].理论视野,2019(4):78-85.

[152]杨静慧.互助养老模式:特质、价值与建构路径[J].中州学刊,2016(3):73-78.

[153]姚栋,袁正,李凌枫.促进代际融合的社区公共服务设施——德国"多代屋"的经验[J].城市建筑,2018(34):31-34.

[154]易臻真.城市社区治理的内卷化危机及其化解——以上海市J街道基层治理实践为例[J].人口与社会,2016,32(1):22-30.

[155]袁方成.嵌入式治理的赋权基础与路径——来自城市社区的经验分析[J].江苏师范大学学报(哲学社会科学版),2019,45(2):102-110,124.

[156]袁方成.增能居民:社区参与的主体性逻辑与行动路径[J].行政论坛,2019,26(1):80-85.

[157]袁同成."义庄":创建现代农村家族邻里互助养老模式的重要参鉴——基于社会资本的视角[J].理论导刊,2009(4):19-21.

[158]袁志刚,陈功,高和荣,等.时间银行:新型互助养老何以可能与何以可为[J].探索与争鸣,2019(8):4-36,197.

[159]张潮,张雪.组织能力、合作网络和制度环境:社区非

营利组织参与社会治理的有效性研究[J]. 经济社会体制比较,2020(2):90-99.

[160]张敏杰. 论"家庭养老"模式[J]. 浙江学刊,1987(3):73-77.

[161]张虎祥. 社区治理与权力秩序的重构——对上海市KJ社区的研究[J]. 社会,2005(6):146-171.

[162]张良,刘蓉. 社区治理现代化中社会组织合作治理策略研究——以上海市C社区为例[J]. 地方治理研究,2016(2):47-54.

[163]张洪武. 社区治理的多中心秩序与制度安排[J]. 广东社会科学,2007(1):182-187.

[164]张康之. 合作治理是社会治理变革的归宿[J]. 社会科学研究,2012(3):35-42.

[165]张昱. 构建多层次组织化的社会体系——深化城市社区建设的路径分析[J]. 中国海洋大学学报(社会科学版),2005(1):81-84.

[166]张云英,张紫薇. 农村互助养老模式的历史嬗变与现实审思[J]. 湘潭大学学报(哲学社会科学版),2017,41(4):34-38.

[167]张冬冬. 党建引领社区治理创新的理论和实践逻辑[J]. 毛泽东邓小平理论研究,2019(11):86-92,108.

[168]张志雄,孙建娥. 多元化养老格局下的互助养老[J]. 老龄科学研究,2015,3(5):33-41.

[169]张恺.共建共治共享社会治理视角下城市基层党建网格化问题研究[J].山东行政学院学报,2019(3):26-31.

[170]张开云,王雅珠,赵虎.党建引领、多元联动与居民为本:社区治理创新的基本向度——基于“赤岗经验”的研究[J].福建论坛(人文社会科学版),2019(6):179-185.

[171]章丹音.社区微更新:创新基层社会治理的有效尝试[J].人民论坛,2019(29):76-77.

[172]邹华华,于海.城市更新:从空间生产到社区营造——以上海“创智农园”为例[J].新视野,2017(6):86-92.

[173]郑杭生,黄家亮.论我国社区治理的双重困境与创新之维——基于北京市社区管理体制改革实践的分析[J].东岳论丛,2012,33(1):23-29.

[174]赵洁.国内外互助养老模式的比较及借鉴[J].中国民政,2019(5):55-56.

[175]赵守飞,谢正富.合作治理:中国城市社区治理的发展方向[J].河北学刊,2013,33(3):154-158.

[176]赵晓芳.日本的综合性居家养老:制度效应与困境[J].社会福利,2017(8):20-26.

[177]赵宇峰.重构基础社会:日常生活、共同体与社区建设[J].社会科学,2017(4):3-10.

[178]朱丽娟,邱梦华.城市互助养老模式及运行机制比较研究[J].改革与战略,2019,35(7):1-8.

[179]朱仁显,邬文英.从网格管理到合作共治——转型期

我国社区治理模式路径演进分析[J]. 厦门大学学报(哲学社会科学版),2014(1):102-109.

[180]朱伟珏. 社会资本与老龄健康——基于上海市社区综合调查数据的实证研究[J]. 社会科学,2015(5):69-80.

[181]钟仁耀. 上海市独居老人生活状况分析及其对策[J]. 社会科学,2004(8):66-70.

[182]周敏晖. 以政党为中心的城市社区再组织化——以上海市J街道为例[J]. 长白学刊,2020(6):1-7.

二、外文文献

[1]NO HRSTEDT D, BODIN Ö. Collective Action Problem Characteristics and Partner Uncertainty as Drivers of Social Tie Formation in Collaborative Networks[J]. Policy Studies Journal, 2020,48(4):1082-1108.

[2]BATSON C D, AHMAD N, TSANG J A. Four Motives for Community Involvement[J]. Journal of Social Issues, 2002, 58(3):429-445.

[3]DESPARD M R. Can Nonprofit Capacity Be Measured? [J]. Nonprofit and Voluntary Sector Quarterly,2017,46(3).

[4]KRETZMANN J P, MCKNIGHT J L. Building Communities from the Inside Out: A Path Toward Finding and Mobilizing a Community's Assets[M]. ACTA Publications,1993.

[5]SEYFANG G. Time on Our Side: Time Banks and Active

Citizenship[J]. New Economy,2002,9(4).

[6]SEYFANG G. Working Outside the Box: Community Currencies,Time Banks and Social Inclusion[J]. Journal of Social Policy,2004,33(1):49-71.

[7]OSWALD R F, CUTHBERTSON C, LAZAREVIC V, et al. New Developments in the Field: Measuring Community Climate [J]. Journal of GLBT Family Studies,2010,6(2):214-228.

[8]RYAN V D, AGNITSCH K A, ZHAO Lijun, et al. Making Sense of Voluntary Participation: A Theoretical Synthesis[J]. Rural Sociology,2005,70(3):287-313.